TROIS ANS

DE SÉJOUR

EN ESPAGNE.

En descendant les sombres escaliers du couvent, je fus arrêté par une Religieuse qui avait heureusement trouvé moyen de s'échaper.

TROIS ANS

DE SÉJOUR

EN ESPAGNE,

DANS L'INTÉRIEUR DU PAYS,

SUR LES PONTONS, A CADIX,

ET DANS L'ILE DE CABRERA,

Contenant des observations curieuses, véridiques et tout-à-fait neuves, sur les mœurs, le caractère et les usages espagnols, prises pendant les années 1808, 1809 et 1810 ; avec des détails peu connus sur les journées de JAEN et de BAYLEN, et sur les événemens qui les ont précédées et suivies ;

ACCOMPAGNÉS

D'une relation intéressante et inédite du sort des Prisonniers français pendant leur détention à Cadix et dans l'île de Cabrera ;

PAR J. QUANTIN ;

et suivis d'un Mémoire sur le sort des Prisonniers français à bord des pontons anglais, depuis 1793 jusqu'en 1814 ;

PAR M. P. SAINT-AUBIN.

Avec 3 figures et 2 cartes de Jaën et de Cabrera.

TOME PREMIER.

A PARIS,

CHEZ PLANCHON, LIBRAIRE,

RUE DE LA HARPE, N°. 30.

1823.

IMPRIMERIE DE CHASSAIGNON,
rue Gît-le-Cœur, n°. 7.

PRÉFACE
DE L'ÉDITEUR.

Nous offrons au public le journal de **M. Quantin**, pendant son séjour de TROIS ANS EN ESPAGNE, *dans l'intérieur du pays, sur les pontons à Cadix, et dans l'île de Cabrera.*

Nous avons pensé que cet ouvrage était de circonstance, qu'on serait curieux de se rendre compte des divers événemens survenus pendant la guerre de la Péninsule de 1807 à 1814, qu'on voudrait surtout connaître le sort des prisonniers français dans cette guerre malheureuse, et nous nous sommes décidés à l'imprimer.

Ce qui a contribué à nous déterminer à cette entreprise, c'est l'intérêt répandu sur toute la narration composant le journal de M. QUANTIN. Nous avons trouvé dans ses récits tant de charme, dans ses descriptions tant de vérité, et dans ses remarques sur l'Espagne, sur les événemens dont il a été le témoin, ou sur son long séjour dans les prisons espagnoles et anglaises, tant de justesse et de jugement, que nous avons cru faire une œuvre agréable au public , en lui soumettant cet ouvrage.

En lisant ce journal, en parcourant les tableaux des mœurs, du caractère et des usages espagnols , à l'époque décrite par notre auteur (1807 à 1814), et celle du peuple anglais et des malheureux habitans des prisons de guerre de ces deux nations , nous nous sommes involontairement rappelé Cervantès, décrivant sa captivité chez les barbaresques. Puisse le public être de notre sentiment ! puisse surtout cet ouvrage lui causer tout le plaisir que nous a procuré sa lecture !

Cette relation est accompa-

iv

gnée de la carte des batailles de Jaën et de Baylen, et de la carte de l'île de Cabrera ; ces documens consacreront d'une manière authentique, le récit des déplorables scènes qui se sont passées dans ces lieux, et augmenteront, nous osons l'espérer, l'intérèt que le public ne pourra s'empêcher d'accorder au journal de M. QUANTIN.

TABLE DES MATIÈRES.

TOME PREMIER.

(xiv)

TOME SECOND.

FIN DE LA TABLE.

TROIS ANS

DE SÉJOUR

EN ESPAGNE.

L'UNIQUE prix qu'un soldat obtienne de ses longs services n'est souvent que l'honneur d'avoir servi son pays, de nobles souvenirs et le plaisir de parler de ses faits d'armes. Nul état n'offre plus de dangers et moins de récompenses à celui qui en remplit rigoureusement les devoirs. Cependant ces vétérans qui, en ce moment, labourent nos champs et remplissent nos ateliers, ne regrettent pas le temps qu'ils ont passé sous nos drapeaux.

Qui les dédommagera donc de la

perte de leurs plus belles années , des maux qu'ils ont soufferts , des blessures qu'ils ont reçues ? Je l'ai dit : l'honneur d'avoir servi leur pays. Ces jours de la jeunesse perdus pour la fortune , ces maux , ces blessures, sont des récompenses dignes d'un citoyen. Qui d'entre nos soldats vétérans , si la chose était possible , changerait ces années consacrées à la gloire pour des ans consacrés au repos ?

C'est avec un secret orgueil que je vis approcher l'instant où la loi allait à mon tour m'appeler sous les drapeaux. Depuis long-temps le noble métier des armes était le seul objet de mon ambition ; et j'aurais sans doute dévancé cette époque si la crainte d'affliger ma famille ne m'eût retenu. Mon imagination ne m'offrait pas de destin plus digne d'envie que celui d'un soldat combattant pour sa patrie

et son prince , ne m'offrait pas de tableau plus flatteur que celui d'un
soldat rapportant dans ses foyers un
front cicatrisé et couvert de lauriers.

Le moment desiré arriva, et , retenu par la vue des pleurs de ma
mère , je dissimulai ma joie quand je
reçus l'ordre de mon départ.

Ce fut le 10 juillet 1807 que je
quittai Paris, lieu de ma naissance.
Deux sentimens alors se combattirent
dans mon cœur ; le chagrin que me
causa la vive douleur de ma mère et
le plaisir de prendre un état pour lequel j'avais toujours eu une inclina-
tion décidée.

J'aurais seulement voulu que les
dames françaises fussent un peu plus
Spartiates : en eussent-elles été moins
aimables ?

La bruyante gaîté de mes compagnons de voyage me gagna la deuxième journée : nous eûmes bientôt fait connaissance. Notre détachement se dirigeait sur la Flandre ; arrivés à Amiens, nous en rencontrâmes divers autres. Ordinairement les conscrits de chaque détachement se cotisaient pour se pourvoir de tambours et de drapeaux. Les corps de conscrits arrivant à Amiens en étaient déjà munis ; et cet appareil militaire, les cris de joie de cette jeunesse, l'esprit qui l'animait, tout prouvait que la conscription, contre laquelle on s'est élevé avec tant de fureur, parce que sans doute l'on préférait son intérêt particulier à celui de l'Etat, ou qu'on avait un rôle à remplir ; tout prouvait, dis-je, que la conscription était une institution salutaire, en harmonie avec le caractère belliqueux de la nation. Aussi tous ceux qui placent la patrie avant tout ont-ils vu avec plaisir paraître de nouveau une loi qui allait encore entourer les étendards français de citoyens et non de mercenaires.

. Quelques-uns de mes compagnons de voyage ayant rencontré dans un café un jeune homme qu'ils avaient vu à Paris et qui faisait partie d'une troupe comique établie à Amiens, se mirent en tête de jouer la comédie. Le directeur ne manqua pas d'annoncer pompeusement dans l'affiche que la petite pièce serait jouée par des *artistes distingués* arrivant de la capitale. Mais le talent de ces comédiens impromptu n'ayant pas rempli les espérances qu'avait données l'affiche, le public d'Amiens témoigna son mécontentement par quelques coups de sifflets perdus heureusement parmi les bravos que le détachement, qui était en force vers le cintre et dans le parterre, accordait gratuitement aux *artistes distingués*.

Nous arrivâmes à Lille, lieu de notre destination, le 17 juillet, et nous fûmes incorporés le 18 dans la première légion de réserve.

Ce corps, ainsi que les quatre autres de même nom créés par le même décret, était destiné à servir de dépôt à l'infanterie française, qui devait y puiser des recrues déjà exercées et prêtes à entrer en campagne.

Quelque bien prononcée que fût ma vocation pour le métier des armes, j'avoue cependant que mon début dans cette noble carrière m'étonna un peu. Le détachement avait été conduit au quartier Saint-André, inhabité depuis long-temps ; l'herbe avait cru dans les cours : ce fut nous qu'on chargea de l'arracher. Cette occupation me déplut d'autant plus que je ne m'y montrais pas fort habile , et qu'elle me semblait peu digne des hautes aventures que je m'étais promises.

Ma position avait bien changé en quelques jours , et je ne tardai pas à m'apercevoir que le chemin de la gloire n'est pas toujours semé de roses.

Jusqu'alors je n'avais fléchi sous nul autre pouvoir que celui de bons parens qui savaient se faire aimer; je n'avais rencontré jusqu'alors qu'indulgence et tendresse dans tout ce qui m'entourait ; maintenant je me trouvais dans un monde nouveau. Rien ne tempérait la rigueur du pouvoir qui m'allait gouverner; il fallait prendre , sans murmurer , des habitudes et des occupations entièrement étrangères à mes habitudes et à mes occupations ordinaires.

Ce qui me surprit et m'étonna d'abord, c'est ce mélange des diverses classes de la société qu'avait préparé la sagesse de la loi. La même chambrée rassemblait les fils du laboureur, de l'artisan et du commerçant ; le même lit réunissait le fils du noble à celui du plébéien. C'était vraiment là que les hommes n'étaient jugés que ce qu'ils valaient.

Je n'oublierai pas les deux caporaux qui administraient la chambrée ; le premier, Brenstmann, était d'origine allemande, et ne la démentait pas par son caractère. Il ne parlait qu'autant que le service l'exigeait, et le plus laconiquement possible ; il aurait cru manquer à sa dignité s'il lui était échappé le moindre sourire quand la chambrée riait aux éclats. Sylvain, son collègue, faisait un contraste parfait avec lui ; il n'attendait pas qu'il fît jour

pour chanter et conter ses historiettes
militaires, et il ne cessait guère que
lorsqu'il était sous les armes. Ces deux
hommes, d'un caractère si opposé,
vivaient pourtant dans un accord
exemplaire. Quelquefois Sylvain ra-
contait en riant qu'en Prusse il avait
sauvé la vie de son camarade Brenstmann ; celui-ci, alors, ôtait momentanément sa pipe de sa bouche, et
disait avec son flegme ordinaire :
« c'est vrai ».

Peut-être est-ce ici le moment de
dire ce qu'on entend dans les camps
par ce mot : *camarade de lit*. Chacun
sait qu'un soldat donne ce nom à celui qui couche avec lui ; mais ce que
chacun ne sait pas, c'est que ce nom
est sacré chez les militaires ; qu'il établit entre deux hommes une vraie
fraternité d'armes. Un soldat qui
abandonnerait son camarade de lit

blessé ou malade, qui ne s'exposerait pas en toute circonstance pour lui, qui ne partagerait pas fraternellement tout ce dont il peut disposer avec lui, serait méprisé de tous ses compagnons. J'ai vu de vieux soldats se glorifier d'avoir été les camarades de lit de tels et tels généraux, et ceux-ci ne pas oublier ce lien sacré et les traiter en égaux.

Je pense que l'amitié peut exister par-tout où il y a des hommes; mais je ne l'ai jamais vue si désintéressée, si sincère et si durable que chez les militaires.

Soit fatigue, changement de nourriture et de manière d'être, je tombai malade, et il fallut aller à l'hôpital, dont le nom seul m'effrayait. Celui de Lille, l'hôpital militaire, est vaste et bien administré. J'en sortis vingt-quatre jours après y être entré, et je retournai à la compagnie encore faible. Le capitaine me donna une exemption de service, et je me mis en pension chez une veuve qui tenait une auberge dans le voisinage de la caserne.

Je mangeais à sa table, que la présence de ses filles me rendait infiniment agréable, et je me dépêchais de guérir pour leur faire ma cour.

Pendant mon séjour à l'hôpital, la légion s'était organisée. Elle se composait alors de quatre bataillons, et était sous les ordres du général divisionnaire Collaud, que nos vieux soldats, car la plupart de nos officiers (excepté les sous-lieutenans, qui sortaient des écoles militaires) et sous-officiers avaient été tirés des anciens corps de l'armée; que nos vieux soldats, ai-je dit, appelaient Collaud *sac-au-dos*, parce que, dans les campagnes qu'ils avaient faites sous lui en Allemagne, il ne souffrait pas que les soldats quittassent leurs sacs, même pour reposer.

Le général de brigade Jacopin commandait sous lui avec le titre de major-général, et avait lui-même sous ses ordres le major Molard.

Jamais, autant qu'il m'en souvient, je n'éprouvai de plaisir plus vif que celui que j'ai ressenti en recevant mon uniforme.

J'avais cessé d'être l'hôte de la veuve dont j'ai parlé tout-à-l'heure, dès que le temps que m'avait accordé le capitaine pour ma convalescence avait été écoulé. Je ne cessais pourtant pas d'y aller aussi souvent qu'il m'était possible, car je n'avais pas absolument perdu le temps que l'exemption de service m'avait permis de passer dans cette maison. L'aînée des deux demoiselles était l'objet des vœux empressés de presque tous les jeunes sous-officiers du quartier, et j'adressais les miens à sa sœur, qui était plus jolie et plus aimable qu'il n'appartient ordinairement à une fille de sa condition.

Victoire était le nom de cette cadette, qui n'était guère, au reste, qu'une enfant, puisqu'elle n'avait guère que quatorze ans. Mais l'exemple de sa sœur aînée l'avait rendue précoce ; et, comme le maréchal de Saxe, je m'étais décidé en faveur de son nom ; je trouvais que rien n'était plus à propos qu'un soldat *français* eût la *Victoire* pour maîtresse.

Les rivaux ne me manquèrent pas ; mais, outre que mon intimité avec la veuve me donnait un avantage marqué sur eux, il y avait dans l'auberge quelques jeunes servantes qui recueil-

laient les soupirs dédaignés , et opé-
raient une utile diversion. J'eus cependant un rival qui me donna de
vives alarmes.

Un jour que, de l'aveu de la mère , qui avait des desseins dont je ne
me doutais guère pour le moment,
j'avais mené la fille à la Kermesse (1),
j'y rencontrai le sous-lieutenant de
la compagnie. Il me sourit et regarda
Victoire avec une attention qui flatta
extrêmement ma vanité. Nous nous
croisâmes deux fois , et je crus m'a-
percevoir que ce n'était pas sans dessein de sa part. Il accompagna chaque rencontre d'un sourire pour moi
et d'un regard pour ma gentille compagne. Nous étant enfin rencontrés une
troisième fois, il m'arrêta pour me dire
que la nuit approchait, et je lui mon-

____

(1) Fête de village.

trai la permission de rentrer après l'appel du soir que m'avait donnée le capitaine. Alors il me demanda si la demoiselle qui était avec moi était du pays, si j'étais son parent ; et, sur ma réponse, il me félicita de connaître une aussi jolie personne, et commença une conversation dont le but ne m'ayant pas échappé, je le quittai assez brusquement.

Le lendemain, au quartier, il me prit à part, et me fit nombre de questions auxquelles je ne répondis pas précisément comme il l'aurait désiré. L'après-midi, je le trouvai à l'auberge, et je vis que la gentille Victoire ne lui avait pas paru indigne de ses soins. Cependant, comme cette maison était ouverte aux soldats, il lui était presque impossible d'y retourner souvent. Il fit néanmoins plusieurs tentatives qui échouèrent totalement, ce

qui le piqua au point qu'il me défendit de retourner chez la veuve et d'entretenir aucune relation avec ma belle. Je ne lui répondis rien, mais le jour même j'y retournai : ce qu'ayant su, il me demanda si j'avais oublié l'ordre qu'il m'avait donné. Je lui répliquai tranquillement que je m'en étais parfaitement rappelé, mais que je n'avais pas oublié non plus ce qu'avait dit le capitaine le jour que lui, sous - lieutenant, avait été reconnu pour tel à la tête de la compagnie sous les armes, Pour comprendre ma réponse, il faut connaître le protocole de ces proclamations, ainsi conçues :
« Au nom de sa Majesté, etc., sous-
» officiers, caporaux et soldats, vous
» reconnaîtrez à l'avenir pour votre
» lieutenant (suit le nom), *et lui obéi-*
« *rez en tout ce qu'il vous comman-*
» *dera pour le service militaire.* »

Le sous-lieutenant me comprit et se retira sans mot dire. Le lendemain, à l'exercice, il vint à moi d'un air riant, et me dit, en me frappant sur l'épaule : c'est vous qui aviez raison. Depuis il ne chercha pas à troubler mes amours et me témoigna une bienveillance particulière. On sait combien il est difficile de faire à la raison le sacrifice de son amour-propre, et l'on sent que l'action de ce jeune officier est bien digne d'éloges.

Aux inquiétudes que m'avait données un concurrent vraiment redoutable, succédèrent de nouvelles inquiétudes. Madame Rinders, c'est le nom de la veuve, avait l'indulgence de me trouver un parti convenable pour sa cadette, en conséquence elle avait dressé un plan parfaitement conçu, auquel il ne manquait, à-peuprès, pour le voir réussir, que ma coopération. Elle connaissait une dame de la ville, laquelle était liée d'amitié avec un officier supérieur qui pouvait faciliter ma réforme. Une fois libre, j'épousais sa fille *sans dot*, attendu qu'on avait remarqué en moi du désintéressement et beaucoup d'amour; il devenait facile ensuite à madame Rinders d'établir son aînée. Elle me développa peu à peu et en différentes fois son plan de campagne; mais j'eus l'air de ne la pas comprendre. De dépit, elle apporta des entraves à mes intelligences avec sa fille, et ne réussit qu'à leur prêter de nouveaux charmes. Alors les billets de courir, les rendez-vous de se donner, les négligences militaires de ma part, et le caporal Brenstmann sans parler, ou le caporal Sylvain en chantant, de me fourrer à la salle de police.

Madame Rinders s'était meprise en ce qu'elle ne croyait pas que l'amour de la gloire l'emporterait, dans mon cœur, sur l'amour que m'avait inspiré son aimable fille. Il est vrai que l'effet du second avait un peu ralenti celui du premier; mais il reprenait souvent toute sa force.

Des soldats de la grande armée, blessés dans les combats livrés en Prusse et en Pologne, et ensuite évacués sur la France, venaient quelquefois dans nos quartiers. Le plus grand silence régnait pendant que ces preux racontaient leurs exploits. Quand ils avaient fini, nous gardions encore le silence, comme honteux de n'avoir rien à dire de pareil, et nous faisions tous le vœu de marcher bientôt à l'ennemi.

Pour compléter notre éducation militaire, on nous habituait à nous mettre en état, à toute heure de la nuit, d'être prêts à partir au premier coup de tambour. Après en avoir prévenu les habitans pour ne les point effrayer, le Sénateur fit battre la générale un soir bien après l'appel. Les quatre bataillons furent rassemblés en peu d'instans. Le feu, disait-on, était aux magasins. Après avoir exécuté les manœuvres nécessaires en pareil cas, on nous remena à nos quartiers respectifs. Quant à moi, profitant de l'occasion, je me glissai hors des rangs et gagnai le logis de madame Rinders, dans l'intention d'y éteindre un tout autre incendie. Victoire, qui savait bien que je ne quittais guère mon quartier sans rôder autour du sien, m'attendait à la fenêtre d'une salle basse. Après un entretien assez animé, elle vint m'ouvrir la porte de la rue ; mais le bruit qu'avait fait mon fusil en frappant une fois ou deux contre la muraille, donna quelques soupçons à la chère maman, que le roulement des tambours avait tenue éveillée toute la nuit ; elle se leva donc et nous la rencontrâmes sur le pallier du premier étage. Elle débuta d'une manière tout-à-fait hostile avec sa fille, et je ne réussis à l'apaiser qu'en avançant quelques mots favorables à l'exécution de son plan favori ; après quoi je retournai à la caserne, peu satisfait de la réussite de mes projets, qui valaient bien ceux de madame Rinders.

Les concessions que m'avait arrachées la circonstance devinrent une arme dont, en habile femme, madame Rinders se servit pour me forcer de marcher selon ses vues. Elle engagea même Victoire à s'en servir, et je me trouvai en butte à de nouvelles attaques infiniment plus dangereuses que les premières, et contre lesquelles j'étais presque sans défense. Je ne savais plus comment me tirer d'embarras, quand la fortune me tendit une main secourable.

Le bruit du prochain départ de la légion se répandit tout-à-coup dans Lille, et fut reçu avec un véritable enthousiasme par les jeunes soldats qui la composaient.

La légion fut dissoute, et il résulta de cette opération que les hommes en état d'entrer sur-le-champ en campagne furent versés dans les trois premiers bataillons réorganisés, et que les hommes portés pour la réforme, les malades et les convalescens formèrent le quatrième, qui devait rester en dépôt à Lille. En raison de la maladie que j'avais essuyée en arrivant, à mon grand dépit et au grand contentement de madame Rinders, je fus classé parmi les convalescens.

Doublement agité par le desir d'échapper aux embûches de ma veuve, et de voler enfin vers le champ où croissent les lauriers, je regardai comme une injustice l'indulgence avec laquelle, au sortir d'une maladie assez grave, on m'épargnait les fatigues d'une longue route. La joie de mes camarades, à la plupart desquels je m'étais attaché, et le dépit d'être laissé au milieu de nouveaux venus qui donnaient au quartier l'apparence d'un hôpital, redoublaient mon chagrin.

Il m'eût été facile alors d'obtenir une permission pour aller passer quelques mois dans ma famille. Je faillis d'abord succomber à la tentation. Mais quoi! irai-je renouveler la tristesse de ma mère par un retour inat-

tendu suivi d'une nouvelle séparation ? Irai - je montrer un soldat qui
n'avait point encore vu l'ennemi ? Ce
dernier motif surtout me détermina à
rester.

Le nouveau sergent-major de la
compagnie, vétéran chargé d'années et
couvert de blessures, était un habitué
de l'auberge de la veuve Rinders ; il
m'assurait que le grade de fourrier serait la conséquence de mon séjour à
Lille après le départ des bataillons de
guerre; la petite Victoire me grondait
de ce que je n'appréciais pas mon bonheur ; mais ni l'amour ni l'ambition ne
me consolaient d'être privé de la gloire
que mes frères d'armes allaient ac-
quérir.

Le quatrième bataillon, que les soldats des trois autres nommaient la *légion des invalides*, se rendit sur l'es-
planade, où il passa une nouvelle re-

vue du major Molard. Il s'agissait d'y puiser encore quelques hommes qui manquaient aux autres.

Cette fois, le major me désigna pour partir; mais le vieux sergent-major lui ayant observé que je sortais d'une assez longue maladie, il allait en prendre un autre, quand je lui demandai moi-même à faire la campagne, l'assurant que je ne manquais ni de forces ni de courage. Il me fit aussitôt joindre une compagnie du troisième bataillon de guerre.

La démarche que je venais de faire me mit au plus mal dans la maison Rinders; on me fit prier de n'y plus reparaître; j'écrivis et ne reçus point de réponse. Enfin, toutes les tentatives que je fis pour voir ma jeune maîtresse échouèrent par les soins de sa mère, qui s'avisait un peu tard pourtant de surveiller ses filles. Le 18 octobre, partirent les deux premiers bataillons de guerre ; le troisième devait , le 28 du même mois , les suivre sur la route de Bayonne. Quitter Lille sans voir une fois encore celle qui m'en avait rendu le séjour si agréable , était une chose désespérante. Il était plus que temps de former quelqu'entreprise. La surveille du départ, comme je savais que madame Rinders ne descendait de chez elle qu'une demi-heure après ses filles , et celles-ci une heure après les domestiques, je m'échappai de grand matin du quartier dit *des malades* , et je courus à l'auberge , où je ne trouvai que les servantes , comme je l'avais calculé. Après quelques difficultés, une d'elles alla frapper à la porte de la petite Rinders ; qui descendit bientôt , et l'on nous laissa seuls. Qui résisterait aux pleurs d'une femme ? S'il m'eût été

possible de rompre les fers que je m'é-
tais forgés moi-même, je l'eusse fait
dans ce moment..., et le lendemain
je m'en serais repenti. Mais il n'y avait
pas de ressource. Tout ce que nous
pûmes faire fut de nous jurer mille et
mille fois de nous aimer éternellement,
de nous exhorter mutuellement à attendre avec courage que le destin nous
réunît. La sœur aînée, qui survint,
fut témoin de nos sermens, de nos
regrets, de nos adieux. Elle méla ses
larmes aux nôtres, tant pour son
compte que par amitié pour nous, et
en vérité, elle devait avoir autant de
chagrin à elle seule que sa sœur et
moi à nous deux, car elle avait déjà
un amant sur la route d'Espagne, sans
compter qu'il en partait un autre le
même jour que moi. Joignez à cela
les chagrins antérieurs que réveillaient
ceux du moment, et vous avouerez

que mademoiselle Rinders aînée était la plus à plaindre de nous trois. Il fallut enfin se séparer ; je quittai pour jamais la gentille Victoire. Cette séparation avait un peu refroidi mon enthousiasme militaire, et je ne pus m'empêcher de penser que la Victoire que je quittais valait peut-être mieux et me coûterait infailliblement moins que celle que j'allais chercher au loin.

Je n'ai pas vu d'endroit où les soldats fussent mieux accueillis des citoyens qu'à Lille. L'esprit militaire qui animaient ceux de cette ville, qu'ils défendaient si glorieusement en 1792, en est évidemment la cause.

Le 28 octobre, le bataillon prit la route de Bayonne. La première journée me fatigua beaucoup ; la seconde, je me trouvai tellement harassé qu'il était déjà nuit lorsque j'arrivai à l'étape.

Pour surcroît de malheur, la compagnie était logée dans je ne sais quel village. Je pars, j'arrive dans un hameau; ce n'est pas celui que je cherche. Je me remets en route; il faisait nuit et je m'égare. Accablé et m'abandonnant à ma mauvaise fortune, j'allais établir mon bivouac auprès d'un arbre, quand les aboiemens de quelques chiens m'apprirent que j'étais proche d'une habitation; je rassemblai toutes mes forces pour me diriger vers le point où elle devait être, et rencontrai un moment après mon camarade de lit qui venait au-devant de moi et qui me débarrassa de mes armes. Nous arrivâmes dans une ferme où étaient logés une vingtaine de soldats de la compagnie. Fort heureusement pour moi, depuis ce jour, je devins un des meilleurs piétons du bataillon.

Depuis Angoulême les séjours nous

furent retranchés, et, pendant quarante jours que dura notre marche,
il tomba constamment de la pluie.
C'est ainsi que je débutai dans la carrière. Mais notre humeur n'était pas
aussi triste que le temps, et quelque
mauvais qu'il fût, les chansons militaires se succédaient les unes aux autres, depuis la halte du déjeûner
jusqu'au moment où l'on atteignait
l'étape.

En traversant les landes de Bordeaux,
vers St.-André de Cujac, il arriva une
aventure assez plaisante à l'un de mes
camarades. Il était logé dans un village,
chez la sœur du curé, et, tout en devi-
sant avec ses hôtes, qui lui parurent
fort dévotes, il s'avisa de dire, dans
un moment où la conversation roulait
sur les torts que la révolution avait
faits à l'Eglise, que, né dans ces temps
malheureux, il n'avait pas reçu le

baptême. Les assistans de lever les mains au ciel et de plaindre leur hôte, qui prenait lui même un air contrit et n'en mangeait pas moins, car l'on était à table, avec un merveilleux appétit. L'étourdi, sans se douter de la scène qu'allait amener le mensonge qu'il avait fait, alla se coucher et dormit comme un homme qui a fait une longue route et un bon souper. Il n'en fut pas de même de la dame du logis. Ce militaire, qui était fort bien fait, l'avait tellement intéressée qu'elle employa le reste de la soirée à prendre avec son frère des moyens pour assurer le salut de ce jeune homme, auquel il ne manquait, selon elle, pour être accompli, que d'être baptisé.

L'indiscret fut donc bien étonné le matin quand le curé, sa sœur et autres personnes du lieu, entrèrent dans sa chambre comme il se préparait à partir, et qu'on lui fit l'étrange proposition de lui administrer le sacrement. Quoiqu'il ne fût guère scrupuleux, il s'en défendit, en donnant pour prétexte qu'il ne pouvait s'arrêter; mais la réussite de cette affaire intéressait trop les bonnes gens qui lui parlaient pour qu'ils abandonnassent ainsi la partie; ils redoublèrent d'efforts pour le retenir. Enfin, le militaire ayant saisi, parmi un déluge de paroles dont on l'accablait, qu'il aurait une jolie fille pour marraine, et que la cérémonie serait suivie d'un repas digne de la circonstance, il prit son parti, resta et ne reparut au bataillon que le lendemain. Le récit de son aventure redoubla la gaîté qui nous animait tous.

Nous traversâmes les landes de Bordeaux. Qui se croirait en France dans cette singulière contrée? Quel contraste entre ce pays couvert de forêts de pins, de bruyères, à peine habité par des hommes couverts de peaux de moutons, qui n'entendent point la langue française et ne marchent qu'à l'aide d'échasses qui les élèvent à cinq pieds du sol; quel contraste, dis-je, entre ce pays et la magnifique cité de Bordeaux !

Il faisait un temps affreux lorsque nous arrivâmes à Bayonne : c'était dans les premiers jours de décembre. Nous nous arrêtâmes au St.-Esprit, espèce de gros bourg qui n'est séparé de la ville que par la rivière de l'A-dour. La citadelle, le sommet des Py-rénées, et la mer que l'on a sous les yeux, ainsi que la ville de Bayonne, offrent, des hauteurs du bourg du St.-Esprit, un coup-d'œil aussi beau qu'imposant.

Il était nuit lorsque nos billets de

logement nous furent délivrés ; le mien était pour un paysan dont la demeure était isolée et située vers la mer, dans des lieux solitaires et presque inaccessibles. Je ne savais pas trop ce que j'allais devenir, lorsqu'une bonne vieille prit mon billet et courut chez le maire pour le faire changer. Elle se donna malheureusement une peine inutile. Mais, touchée de mon embarras, elle le fit cesser en me trouvant un lit et un souper pour la nuit, et un billet de logement pour le St.-Esprit le lendemain. Cette vénérable vieille me prouva qu'il est encore de bons cœurs dans le monde.

Nous séjournâmes onze jours dans le bourg. Nous allions faire l'exercice à Báyonne, dans le lieu nommé *Allées maritimes* : c'est une promenade plantée d'arbres et bordée d'un quai où viennent s'amarrer les navires. Nous y passâmes aussi la revue du général Dupont. C'est là que nous retrouvâmes nos premiers bataillons, qui étaient venus, pour cette revue, du pays des Basques, où ils étaient cantonnés.

La première légion formait la deuxième brigade de la deuxième division du deuxième corps d'armée dit d'*observation de la Gironde.*

La première légion était commandée par le major Mollard ; la deuxième brigade par le général Cassaigne ; la deuxième division par le général Vedel ; et le deuxième corps d'armée par le général Dupont.

Le 19 décembre 1807, nous quittâmes nos cantonnemens pour entrer dans les Pyrénées. Du haut des monts mes regards se promenèrent encore une fois sur les champs de ma patrie, et mes yeux se mouillèrent de larmes involontaires. O ma patrie ! après ma mère et mes maîtresses, tu fus toujours la plus chère à mon cœur.

Notre bataillon ne fit que traverser St.-Jean-de-Luz et fut dispersé dans les montagnes. Les Basques, quant aux mœurs et au langage, ne me parurent pas plus français que les paysans landais, quoiqu'il n'y ait nulle comparaison à faire entr'eux. Tout est original et gracieux chez les premiers : leur vivacité, leur langue, leur costume, leurs jeux, mille fois décrits; mais quiconque les a vus aime à se les rappeler.

Quelques souvenirs donnés à ma famille, et plus souvent encore à la gentille Lilloise, ne troublèrent pas le plaisir que me causa notre entrée en Espagne; ce pays si puissant et si riche sous Charles-Quint et Philippe II, était alors envahi par les Français. Je ne dirai rien sur les évènemens qui avaient préparé cette invasion. D'autres plumes que la mienne expliqueront les diverses intrigues au moyen desquelles l'empereur Napoléon s'était flatté de faire réussir cette opération politique. Moi, qui ai vécu en Espagne et qui ai vu la misère du peuple, je dirai seulement que la révolution ordonnée par Napoléon, si elle eût été dirigée plus prudemment, serait devenue une source féconde de prospérité pour ce beau pays, et lui eût assuré les seuls biens qui lui manquent : la liberté et la raison, également outragées par tous ses gouvernemens, dans les temps même de sa plus grande splendeur.

L'opinion générale était que nous allions assiéger Gibraltar. Nous appelions l'heure des combats, et nous brûlions de marcher sur les traces de nos frères de la grande armée.

(38)

La première journée, nous couchâ-
mes à Fontarabie, ville forte qui fut
prise par les Français en 1794. Toutes
les fenêtres en sont grillées, et cette
ville, et en général celles qui sont les
plus près de nos frontières, cadraient
mieux avec l'idée que je m'en étais
faite, que celles qui sont plus au
centre de la Péninsule. Le soir, sur
la place où était située l'espèce de caserne où le troisième bataillon fut logé
(les autres restèrent à Irun), nous
vîmes les jeunes filles du voisinage, à-
peu-près vêtues comme les Basquèses,
se réunir et chanter en s'accompagnant des castaguettes et du tambour
basque. Cette musique, qui n'était pas
sans quelque agrément, jointe au vin
qu'on avait apporté au quartier dans
des peaux de bouc, mit les Français
en gaîté, et, pour ne pas demeurer
en reste, ils formèrent de vastes rondes

sur la place, dans lesquelles les chan-
teuses se trouvèrent enveloppées et
dont elles ne se dégagèrent pas sans
peine. Les chansons militaires et les
danses nous occupèrent une partie de
la soirée, et c'est ainsi que nous célé-
brâmes notre entrée sur le territoire
espagnol.

Nous restâmes quelques jours à
Vittoria, qui était encombrée de
troupes, ainsi qu'à Burgos, dont j'ad-
mirai la cathédrale, un des plus beaux
monumens gothiques de l'Europe.
Elle renfermait alors des richesses
immenses de toute espèce, entre
autres un nombre considérable de
lampes d'argent d'une grande di-
mension, qui étaient suspendues aux
voûtes par des chaînes de même métal.

Nous arrivâmes de nuit à Medina-
del-Rio-Seco. Les habitans avaient il-
luminé leurs maisons, et notre entrée

semblait leur inspirer une vive allé-
gresse. Ils ne songaient pas que ces
hôtes qu'ils recevaient avec joie inon-
deraient avant peu , du sang de leurs
compatriotes , les champs de la Cas-
tille-Vieille , et qu'ils seraient les témoins d'une des plus sanglantes dé-
faites qu'aient essuyées les Espagnols
dans le cours de cette guerre funeste :
je veux parler de la bataille de Rio-
Seco.

On nous logea, comme à l'ordinaire,
dans un couvent dont les moines gardaient la moitié, se séparant de nous
par des barricades. Dès le matin , les
cloches du couvent et nos tambours
commençaient un agréable concert
qui durait une partie de la journée.
Les voix des moines qui chantaient au
chœur faisaient une discordance assez
plaisante avec celle des sous-officiers
qui commandaient l'exercice dans les

vastes cours du couvent. Nous vivions, au reste, en assez bonne intelligence. Il existait entre les moines et nous les rapports les plus sympathiques, car ils étaient libertins et effrontés, et je doute qu'aucun militaire français se fût porté de lui-même aux excès de l'intempérance et de débauche que j'ai vu commettre à ces serviteurs de Dieu. Il n'y avait pas quinze jours que notre voisinage durait, que chaque moine avait choisi un camarade auquel il faisait partager les friandises du réfectoire, et pour lequel il ne se faisait point scrupule de voler les bons vins du couvent. Le choix tombait ordinairement sur les plus jolis garçons, et si ceux-ci s'y fussent prêtés, l'amitié de ces ecclésiastiques de l'Espagne se fût portée beaucoup plus loin. C'était de ces saints personnages qu'on apprenait en quel lieu de la ville résidaient les filles de joie (1).

----

(1) Cependant ces misérables moines, excités par l'Angleterre, ont plus fait depuis pour l'expulsion des Français, que tous les efforts des *liberales*. Leurs prédications furibondes, le fanatisme qu'ils inspiraient en tous lieux et les armes saintes qu'ils distribuaient au nom du Dieu de la vengeance, insurgèrent plus d'Espagnols que toutes les promesses de libertés prodiguées par les membres des cortès. Doit-on donc s'étonner que Ferdinand VII, ce prince si dévôt, ce prince qui employa presqu'uniquement son séjour à Valencey à broder une bannière à la sainte Vierge, placée solennellement dans la cathédrale de Madrid lors de sa rentrée dans cette capitale, ait montré tant de reconnaissance envers les moines et d'ingratitude envers les cortès? Les moines, en servant leur cause, en redoublant en Espagne le voile épais de la superstition, avaient servi la cause de son despotisme. Les *liberales*, au contraire, en mourant les armes à la main,

Je ne sais quels étaient leurs vues, et s'ils avaient quelque connaissance des événemens qui se préparaient; mais ils cherchaient souvent à s'approprier nos cartouches. Les soldats, pour se procurer du vin, leur en faisaient souvent avec de la cendre. Les fenêtres des cellules que nous occupions don naient sur une galerie où les moines seuls pouvaient se promener, et c'est par là, les fenêtres étant à hauteur d'appui, qu'ils communiquaient avec

---

en proclamant Ferdinand roi constitutionnel des Espagnes, ne travaillaient en effet que pour l'affranchissement et la liberté de leur patrie. N'était-il pas naturel, après cela, qu'un prince qui ne veut tenir sa couronne que du droit divin, accordât toute sa royale protection aux moines, et proscrivît en masse tous les *liberales ?* Ceux-ci auraient dû le prévoir ; l'Espagne en serait plus heureuse.

nous. Un jour, à l'heure de l'exercice, un soldat resté seul dans sa cellule, commença une conversation avec un père qui se promenait seul aussi dans la galerie. On vint à parler des cartouches de cendre et du prix qu'on mettrait à de vraies cartouches. Le soldat en fit voir telles que le moine en voulait, et lui demanda une cruche de vin pour un certain nombre qu'il lui donnerait. Le moine disparut et revint bientôt avec le *cantaro* plein. Le soldat prit le vin et garda les cartouches ; mais dans le moment qu'il se retirait de la croisée en se moquant du père, celui-ci lui prit son schakos. Le Français saute par la fenêtre dans la galerie ; le moine, sans quitter le schakos, traverse plusieurs pièces, prend maints détours, mais sans pouvoir échapper à celui qui le poursuivait. Il atteignit enfin ledonjon d'où l'on faisait jouer le carillon, et se jeta dans une pièce voisine dont il eut le temps de fermer la porte sur lui. Le Français ne pouvant l'enfoncer, se jeta de désespoir sur la corde du carillon et se mit à sonner le tocsin ; ce qui effraya tellement le père, qui craignait que cette sonnerie intempestive ne lui attirât des reproches du supérieur, qu'il se hâta d'ouvrir et de faire restitution au militaire, qui regagna sa cellule promptement.

Il y avait à Rio-Seco un prêtre français émigré, qui se trouvait prieur d'un autre couvent. C'était un assez bon homme qui aimait son pays. Il se plaisait à en parler avec nous, et invitait souvent à aller faire collation chez lui ceux d'entre nous avec lesquels il s'était lié. Il avait un joli cabinet bien fourni de fruits, confitures, limonades, et il y avait peint derrière sa porte et de grandeur naturelle , un grenadier français, idée assez bizarre pour uu prêtre.

La garnison vivait en assez bonne intelligence avec les habitans , quoique l'humeur indiscrète des Français excitât de temps en temps des querelles. Je vis un jour arriver à la porte de l'alcade un cavalier espagnol d'une assez triste figure et monté sur un vrai rossinante. Quatre dragons du dixième régiment s'étaient arrêtés près de lui et le plaisantaient sur sa bonne mine et la bonté de son cheval. L'Espagnol ayant reçu de l'alcade un billet pour aller loger en ville, remonta sur son petit cheval. Alors les dragons prétendirent qu'il était trop fatigué pour porter son maître, et ayant entouré le cavalier et sa monture, ils prirent le cheval chacun par une jambe, l'enlevèrent avec l'homme qui était dessus et les portèrent tous deux quelques pas, non sans rire, avec les assistans, de la figure que faisait l'Espagnol, dont l'embarras et la honte étaient extrêmes. Assurément cet homme n'aura pas oublié cette offense, et cette mauvaise plaisanterie a peut-être plus tard coûté la vie à quelques Français.

Je travaillais à la comptabilité chez le sergent-major et j'avais une permission pour ne rentrer qu'à dix heures à la caserne. Un soir que nous avions, au grand étonnement des Espagnols chez lesquels il était logé avec son fourrier, car la sobriété de ce peuple est extrême, fait une étrange consommation de vin chaud, je ne fus pas plutôt en chemin pour retourner au quartier, que le froid, qui était très-vif (l'hiver est rude dans cette partie de la Péninsule), agit en un instant sur moi, et je n'eus pas fait cinquante pas que je tombai dans une ivresse complète. La grande rue de Rio-Séco, comme dans beaucoup d'anciennes villes d'Espagne, est formée de maisons à arcades à-peu-près semblables à ce qu'on nomme à Paris les piliers des halles. Une patrouille française approchait ; le peu de jugement qui me restait me fit penser que l'état dans lequel je me trouvais me vaudrait quelque punition si j'étais arrêté par elle, et je me jetai dans le plus obscur de la galerie. Une porte contre laquelle je m'appuyais s'ouvrit, et je tombai dans une allée. Le bruit de ma chute attira une femme tenant une lumière qui s'éteignit aussitôt. Elle vint à moi (j'étais alors relevé), me parla (j'entendais déjà bien la langue du pays), et me reprocha de venir si tard et dans un pareil état. Tout en me parlant elle m'entraînait dans le fond de l'allée, me faisait en-

trer dans une salle basse et me conduisait enfin vers un lit sur lequel je
me jetai le visage tourné contre la
muraille, et m'endormis sur-le-champ
sans m'inquiéter du reste. Ainsi
qu'elle me l'a raconté depuis, elle
ralluma la *candella*, jeta sur moi un
lourd manteau espagnol, et se coucha
à mes côtés sans former le moindre
doute que je ne fusse pas un Français,
son amant, qui trouvait moyen de se
soustraire quelquefois à la discipline
rigoureuse à laquelle nous étions soumis. Il lui avait donné rendez-vous
le soir même, et n'avait probablement pu s'y rendre. Elle l'attendait ;
au bruit que je fis en tombant, elle
accourut, vit mon uniforme, et,
faute de lumière, ne put voir ma figure. Il n'y eut jamais d'homme si
surpris que je le fus lorsque, de
grand matin, à mon réveil, je me

vis dans un lieu inconnu et couché près d'une femme. Je quittai la ruelle où je m'étais enfoncé, et fus jeter un coup-d'œil inquiet dans la cour. Tout dormait encore ; je n'avais rien de mieux à faire que de profiter de la circonstance. Je ne sais jusqu'à quel point il y avait ressemblance entre l'amant de cette belle infidèle sans le vouloir et sans le savoir , et moi ; mais elle ne s'aperçut pas de suite qu'il y avait erreur. Lorsque nous en vînmes enfin aux explications, qui furent précédées d'invocations à la Vierge et à tous les saints protecteurs de l'Espagne, elle me demanda qui j'étais, et je lui fis la même question. A quoi elle répondit : *soy lavandera segnor mio.* Le proverbe espagnol, *ausentias causan olvido*, ne ment jamais ou rarement. Henriquetta et moi , nous oubliâmes dans les bras l'un de l'autre,

elle son amant , moi, ma jeune maîtresse. Un mutuel examen nous donna à penser que le hasard ne nous
avait été que favorable. Elle me le témoigna avec cette grâce et cette
expression qui n'appartiennent qu'aux
femmes de son pays. Ah ! pour savoir
tout ce que les plaisirs de l'amour ont
de séduisant , il faut avoir reposé dans
les bras d'une Espagnole. Je quittai
Henriquetta, mais l'imagination rem-
plie d'images agréables dont le souvenir toujours présent me ramena bientôt près d'elle. Sa mère et une jeune
sœur habitaient la même maison, dont
je devins un habitué. Je vis mon rival.
Henriquetta arrangeait tout pour le
mieux ; il me croyait épris de la petite sœur, et je ne le croyais plus en
faveur. S'attacher plusieurs amans ,
les tromper à la fois , est un art connu
des femmes de tous les pays.

J'avais travaillé à la comptabilité de la compagnie chez le sergent-major; je fus placé par lui près du greffier du conseil de guerre, d'où je passai dans les bureaux du quartier-maître, pour entrer enfin dans ceux du major de la légion.

Il était logé chez un vieux marquis nommé d'abord Alonzo : j'ai oublié la kyrielle de noms qui suivaient celui-ci, et le mal n'est pas grand.

Une sœur et deux charmantes nièces du marquis venaient habituellement passer les soirées à l'hôtel. Voici comme était composé et disposé notre cercle. Sous le manteau d'une vaste cheminée était un immense fauteuil dans lequel siégeait très-haut et très-puissant seigneur Alonzo, en robe de chambre et en bonnet de nuit. A sa gauche était placée dona Juliana, sa sœur; du côté opposé, ses deux nièces, qui ne manquaient pas de se serrer un peu pour faire place à un jeune sous-lieutenant de la légion. Vis-à-vis du foyer, le secrétaire du major, que je nommerai Frédéric, et moi, étions assis, comme de vils plébéiens, sur des tabourets, ayant entre nous dame Catalina. Cette dernière était une sorte d'intendant femelle qui tourmentait tous les gens de l'hôtel, et souvent même le bon homme Alonzo. Malgré ses quarante ans, elle avait encore de hautes prétentions à la beauté. Un vieux domestique, qui avait été tambour dans Navarre, et qui se vengeait du mal qu'elle lui donnait en médisant d'elle, nous avait appris, à la suite de l'histoire de ses campagnes au camp de Saint-Roch, que dame Catalina, à quinze ans, avait près du marquis un autre emploi que celui qu'elle exerçait maintenant, et même qu'elle n'avait pas renoncé encore au plaisir de pratiquer son ancienne charge, et qu'elle s'en occupait avec le domestique du major, luron intrépide qu'elle grisait tous les soirs avec le *toro* du marquis, et que les rides n'effrayaient pas.

La famille espagnole ne faisait nulle difficulté de nous admettre à ces soirées, Frédéric et moi. Les aimables sœurs chantaient en s'accompagnant sur la guitarre; quelquefois Marietta, la plus jeune, prenait Frédéric par la main, l'entraînait dans le milieu de la salle, et dansait avec lui le *fandango* ou le *bolero*. J'admirais Marietta et j'enviais Frédéric. Ce dernier était un excellent danseur; il avait rapidement appris les danses espagnoles, et, à défaut d'autres moyens de plaire, celui-là le servit puissamment. Le sous-lieutenant et moi offrions quelques romances françaises pour notre tribut, et la soirée se passait assez agréablement , surtout pour ceux que ces plaisirs conduisaient à leur but. Le jeune officier et Frédéric étaient aimés des nièces du marquis, et le seul rôle que je pusse jouer était celui de confident. Mais ce qu'il y avait de plus triste pour moi, c'est que mon cœur n'avait pu se défendre d'aimer Marietta : quinze ans, une figure charmante , une voix à laquelle un langage harmonieux donnait une douceur , un charme inexprimables , une taille et des grâces qu'une danse voluptueuse avait trop souvent déployées à mes yeux , tout en elle m'avait séduit.

Je voulus d'abord , dès que tout espoir de succès m'eut été ravi , me soustraire au déplaisir d'être témoin

du bonheur de Frédéric, et je me rap-
prochai d'Henriquetta. La jeunesse se
rassemble dans quelques rues vers le
soir(nou s étions alors dans les premiers jours de mars, et le froid avait
cessé); les divertissemens sont les
chants, le jeu des *cantaros* (lequel
consiste à se lancer les uns aux autres
une cruche vide; lorsqu'un mal-
adroit la laisse tomber, les joueurs et
les spectateurs jettent de grands cris
de joie, et il est obligé d'en acheter une,
autre. L'*olle* et le *cachirulo* : ce sont
des danses qui pourraient faire penser
que le peuple le plus superstitieux de
l'Europe, je n'ai point voulu dire le
plus dévot, en est aussi le plus dissolu.
J'ai fait quelquefois cette réflexion,
que m'ont suggérée le respect des Espagnols pour tout ce qui tient à la
religion, et leur férocité naturelle;
que les crimes les effraient moins que

l'impiété ; car, selon eux (leurs prêtres leur ont prêché de pareilles maximes) la destruction d'un être créé par le Dieu qu'ils adorent n'est point un crime irrémissible ; mais le moindre doute sur la croyance religieuse en est un (1) que rien au monde ne saurait rendre excusable.

Éloignons ces tristes réflexions, et revenons aux jeux des habitans de Rio-Seco, dans lesquels Henriquetta brillait sans effacer de mon cœur l'image de Marietta. L'idée que nous ont donnée les voyageurs des danses des nègres de diverses contrées de l'Afrique m'ont fait penser encore qu'elles diffèrent peu de celles des

____

(1) La partie éclairée de la nation a, on n'en peut douter, une autre manière de voir.

Espagnols. Il est vrai que ces danses obscènes ne sont guère en usage que parmi le peuple.

Ma liaison avec Henriquetta avait toujours quelques charmes, mais elle ne maîtrisait que mes sens ; et Marietta régnait sur mon cœur. Un pouvoir irrésistible me ramenait près d'elle malgré moi.

L'amour, qui lance au hasard ses traits dangereux, atteignit dans cette conjoncture la *segnora dona Juliana*, sœur du marquis Alonzo, et ce fut moi qu'elle choisit pour calmer les maux que ce dieu lui causait. Je fus long-temps, soit modestie ou préoccupation, à m'apercevoir du sentiment que l'on avait pour moi. Les mots obligeans, les regards les plus expressifs, n'apprenaient rien à un homme qui n'entendait et ne voyait que Marietta. Elle passait (*dona*

Juliana) quelquefois sous divers pré-
textes dans les bureaux et s'y arrêtait
des heures entières à causer avec moi ;
je lui parlais de sa fille et ne me doutais de rien. Ce fut Frédéric qui m'a-
vertit de ma bonne fortune : pour en
sentir le prix il faut se figurer que
cette dame avait à-peu-près cinquante
ans ; elle était d'une haute stature ;
une pâleur blafarde couvrait son visage, et, depuis un accident que lui
avait causé un grand effroi , ses yeux ,
qui n'étaient pas sans éclat , avaient
une singulière expression qui faisait
aisément deviner le dérangement de
son esprit. Autant la fille m'inspirait
d'amour , autant la mère m'inspirait
d'aversion et de dégoût.

J'avais repris quelque espérance de
plaire à l'aimable Marietta ; j'étudiais
l'espagnol et lui faisais hommage de
mes progrès. Mes premiers essais

furent quelques traductions de romances françaises en langage castillan.
Je trouvais, par ce moyen , celui de
faire connaître mon amour à celle
qui l'avait fait naître. Je m'aperçus
que je ne perdais pas absolument mes
peines et je redoublai d'efforts. Je ne
me contentai pas de traduire , j'es-
sayai de créer. Marietta fut célébrée
en vers espagnols par un Français.
Il est vrai qu'un bachelier eût bien
trouvé à dire à mes poésies ; mais, a
dit Figaro : « *En amour, le cœur n'est
pas difficile sur les productions de
l'esprit.*

Il ne faut pas que l'on s'étonne de
me voir, moi, soldat, courtiser des
dames de ce haut parage. Outre que
le marquis Alonzo était un de ces
hidalgos, ou nobles indigens, si com-
muns en Espagne et en Allemagne
même, où nos braves ont si souvent

mis à profit cette circonstance , et qu'il ne tint pas beaucoup à la représentation, Frédéric et moi nous passions pour les enfans de la famille , et jamais on ne m'appelait autrement que *don* Joseph.

Enfin, mes soins, mes chansons , mes billets , l'emportèrent sur les entrechats de *don Frédéric* , qui était déjà supplanté qu'il prônait encore sa bonne fortune, dont au fait il n'avait pas su tirer parti.

Doux instans où Marietta effaçait par un mot, un sourire tous les maux que j'avais soufferts ! Est-ce dans les bras de la voluptueuse Henriquetta , est-ce aux pieds de la charmante Marietta , que j'ai connu le plus haut degré de bonheur où l'homme puisse atteindre ? Ah ! je veux dire avec le chantre d'Estelle : «*O Amour ! si je te* » *regrette, c'est bien moins pour tes*

» *derniers plaisirs que pour tes pre-*
» *mières faveurs.*

Un départ subit enleva mon bonheur et mes espérances. Je vis, en quittant ce séjour où j'avais été si malheureux et si fortuné, que Marietta m'aimait. O gloire ! que tu as coûté de pleurs à l'Amour !

Je ne voulus point voir Henriquetta en quittant Rio-Seco ; je ne voulus emporter avec moi que le souvenir de la belle Espagnole que j'aimais ; je ne voulus point profaner par d'autres baisers le dernier baiser qu'elle m'avait donné.

Cette garnison fut généralement regrettée de la légion ; il s'y passa d'étranges événemens, à = peu = près semblables à ceux que je viens de raconter, et qui prouvaient que l'antipathie qui se déclarait entre nous et les Espagnols n'avait pas encore atteint les cœurs des belles de leur pays.

Un de nos officiers, jeune, il est vrai, mais horriblement mutilé (par suite de blessures qu'il avait reçues à la grande journée d'Austerlitz : un de ses bras, plus court que l'autre, ne lui pouvait plus servir, et il boitait si fort d'une jambe, qu'il était inconcevable qu'il pût résister à la marche), avait inspiré une amitié si vive , une si tendre compassion à une jeune dame chez laquelle il était logé, qu'elle poussa la bonté, lorsqu'il partit, jusqu'à le conduire elle-même, dans sa voiture, jusqu'à Madrid. Le mari, qui était absent, c'est dire qu'il avait tort, instruit que sa jeune moitié remplissait avec un peu trop de zèle les devoirs de l'hospitalité , se hâta de de revenir sur l'avis qu'il en reçut. Mais il arriva un peu tard et fut té-

moin du scandale que causa, non-
seulement dans le voisinage, mais
dans toute la ville, le départ de sa
femme. Il ne perdit pourtant pas
courage, et, suivi d'une armée de parens et d'amis qu'indignait sa triste
aventure, il poursuivit la belle fugitive
et l'atteignit. Il eut le désagrément de
la retrouver avec son chevalier sur
une route couverte de troupes françaises, et il ne put accomplir le vœu
qu'il avait fait, et prendre d'autre vengeance du Français, que de l'obliger à
continuer seul et à pied le reste du
chemin. Quant à la jeune dame, je
ne sais quel fut son sort.

On prévoyait si peu les événemens
qui sont survenus, que plusieurs officiers s'étaient fait joindre par leurs
femmes. Le major Molard vit arriver
la sienne à Rio-Seco.

J'ignore si ces dames se mêlaient

d'administration ; mais je sais qu'elles faisaient des promotions , témoin celle-ci.

Un caporal, qui n'avait d'autre mérite qu'une jolie figure, et qui avait la réputation d'être un assez mauvais sujet, regardait, attendu son ignorance, ses galons de caporal comme son bâton de maréchal ; mais son heureuse étoile voulut qu'un jour qu'il était de planton chez un officier supérieur, la femme de cet officier vint à sortir. Le domestique de Madame se faisant attendre, le joli caporal offrit sa main à Madame et l'aida galamment à monter dans sa voiture ; il en fut d'abord récompensé par le plus aimable sourire. Peu de temps après il fut élevé au grade de sergent-major, qu'il confessait ingénuement ne devoir qu'à la haute protection d'une dame qui s'était persuadée qu'un joli garçon qui avait des attentions pour les femmes devait nécessairement être un homme de mérite.

Je restai avec le major après notre départ de Rio - Seco. Nous bivouaquâmes à Tordesillas par un temps effroyable.

A Medina – del – Campo m'arriva une aventure remarquable.

Assurément je n'avais point oublié la jolie nièce du seigneur Alonzo; mais le chagrin que me causait notre séparation ne m'empêcha point de remarquer que dans la maison où je logeais dans cette dernière ville, il y avait deux jeunes filles assez aimables. Le général de division ayant donné à dîner aux officiers supérieurs, nous nous trouvâmes seuls, Frédéric et moi, au logis, le major et son épouse passant la journée chez le général.

Nous invitâmes donc quelques-uns

de nos amis, et la journée se passa on ne peut plus agréablement. Le troisième bataillon ayant quitté Rio-Séco pour aller à Toro, petite ville célèbre par la qualité supérieure des vins de son territoire, j'avais perdu de vue quelques instans mon camarade de lit, qui se nommait ou que je nommerai Hubert, et je m'étais empressé de l'inviter au dîner que Frédéric et moi donnions en l'absence du major. Le retour de ce dernier nous força de congédier nos convives, mais j'emmenai Hubert dans la chambre qui m'était destinée, et nous résolûmes d'employer le reste de la nuit à boire et à nous conter nos faits et gestes depuis que nous nous étions vus. Je ne manquai pas de lui parler de Marietta, de lui en faire le portrait, de lui raconter, dans toutes ses circonstances, l'histoire de nos amours; je trouvais même de temps à autre le moyen de tracer quelques-unes des scènes que j'avais jouées avec Henriquetta; mais l'effet que produisirent ces heureux souvenirs fut assez singulier. Je me rappelai tout-à-coup ces gentilles servantes au teint brun, au regard éveillé, qui m'avaient frappé le matin, et, après un petit discours très-éloquent, dans lequel je développai mes idées au bon Hubert, je lui déclarai que j'étais résolu de faire quelque tentative dont le succès pût me consoler de la perte de deux maîtresses charmantes, perte que je ressentais vivement dans cet instant. Après quelques hésitations et quelques réflexions, très-prudentes sans doute, Hubert convint qu'on ne pouvait rien imaginer de mieux, et nous nous mîmes en route.

Quoique la maison fût vaste, j'en

connaissais déjà les distributions, et savais que les belles contre lesquelles nous conjurions habitaient une chambre située à l'extrémité d'une longue galerie. Espagnols et Français, tout était endormi. Munis d'un flambeau nous traversâmes en silence une partie de la maison. Arrivés à la porte d'un appartement, je dis à Hubert que c'était celui du major, et le pauvre garçon faillit s'enfuir, tant il fut effrayé. Enfin nous arrivâmes au terme de notre voyage nocturne.

Après quelques coups frappés avec ménagement, on demanda avec inquiétude qui était là? j'expliquai le plus poliment possible ce que nous désirions. Non-seulement on nous répondit, mais on rit presque aux éclats de l'idée qui nous était venue. Je crus que la maudite porte allait s'ouvrir, mais on s'y refusa constamment. Il fallut donc abandonner un projet si bien conçu ; j'avais peine à m'y résoudre. Nous descendîmes dans la cour ; une croisée, qui devait être celle des jeunes filles, était entr'ouverte ; je proposai l'escalade à mon compagnon ; mais il lui semblait à chaque instant voir le redoutable major sur ses talons, et il ne répondait à tout ce que je lui disais que : « Allons-nous coucher. »

Nous remontâmes chez moi. Hubert se jeta sur le lit ; mais moi, qui ne pouvais me consoler de la mauvaise issue de notre expédition , je sortit de nouveau ; Hubert courut après moi, mais je lui échappai, et il ne me rejoignit que dans la cour, au moment où j'appliquais contre le mur une échelle que j'avais trouvée dans l'écurie. Hubert me voyant bien décidé se résigna et consentit à tenir le pied de l'échelle. Je monte, j'ouvre entièrement la croisée, j'entre dans la chambre qu'éclairaient encore les lueurs incertaines d'une lampe posée à terre.

Couchées dans le même lit dont elles avaient renversé les draps, les deux Espagnoles reposaient. Quoique je fusse animé à la fois par l'amour et Bacchus, je sentis mon cœur battre avec violence en ce moment décisif; ce ne fut qu'en tremblant que j'osai porter la main sur les charmes qui m'étaient offerts : des cris arrachés par une frayeur légitime furent les premiers résultats de mon audace. Hubert, qui avait monté après moi, épouvanté par ces cris, sauta à bas de l'échelle, au risque de se rompre le cou, et se précipita dans l'écurie où il se cacha le mieux qu'il put. Effrayé moi-même, je ne songeai d'abord qu'à rassurer les Espagnoles, et je ne fus peut-être jamais si éloquent dans leur langage qu'en ce moment critique. Une d'elles, réveillée par les cris de sa compagne, s'était jetée dans la ruelle; l'autre était restée dans mes bras. Elles m'avaient reconnu toutes deux, leur épouvante était passée; mais elles étaient encore si émues qu'elles ne pouvaient parler. Je profitai habilement de cet état qui les laissait sans défense; je n'éprouvai près de la première qu'une faible résistance; bientôt même elle cessa entièrement, et je remportai une victoire complète. Il n'y avait plus de frayeur. Moitié riant, moitié boudant, entraînée par moi et par sa compagne, la seconde consentit à reprendre sa place, et je crus avoir retrouvé deux Henriquetta.

Hubert, qui s'attendait à voir bientôt tous les gens de la maison et à leur tête le redoutable major, qu'il craignait tant, chercher les auteurs du tumulte, fut bien surpris du silence profond qui succéda aux cris qui l'avaient tant épouvanté; il se hasarda à sortir de sa retraite, à monter de nouveau, et parut à la fenêtre, très-étonné de l'harmonie qui régnait parmi les assiégées et l'assiégeant. Sur mon invitation, il se glissa dans la chambre, et, après quelques difficultés de pure forme, il prit à la conversation une part très-active.

On fera bien de penser que ce ne fut pas sans remords que je manquai ainsi à la fidélité que j'avais jurée à la belle Marietta; je suis bien convaincu qu'elle fut plus fidèle à ses sermens, car elle avait juré par la *Santa-Virgen.*

Je n'aurais pas été fâché de faire un plus long séjour à Medina-del-Campo; mais nous en partîmes le lendemain, et, après quelques jours de marche, nous arrivâmes à Ségovie, ville autrefois fameuse à tant de titres, et digne encore de toute l'attention des voyageurs par sa cathédrale et son château ou *alcazar*, jadis bâti et habité par les rois goths; et par un aqueduc assez bien conservé, ouvrage de ce grand peuple qui a laissé par-tout des monumens de sa magnificence et de son immortalité. Tout le monde sait que l'Europe tire de Ségovie les meilleures laines que produise l'Espagne.

Le major fut logé chez le comte de Mancilla, l'un des plus riches seigneurs du pays. Il n'y avait nulle comparaison entre cette maison et celle du seigneur Alonzo. Ici un intendant, un cuisinier français, une foule de domestiques des deux sexes. La comtesse était jeune et jolie, parlait également bien le français, l'italien et l'anglais. Sa parure, son équipage étaient, autant que possible, à la mode de Paris. Dès les premiers jours de notre arrivée, cette dame et l'épouse du major se passionnèrent l'une pour l'autre, et l'intimité la plus parfaite s'établit entr'elles et leurs époux. Tout, dans l'hôtel, était aux ordres du major. Mais l'amitié entre femmes jouit rarement d'une longue existence ; les dames se brouillèrent et en vinrent en peu de temps à se détester beaucoup plus qu'elles ne s'étaient aimées. Les époux eurent la bonté d'épouser leurs querelles, et l'hôtel de Mancilla devint un enfer. Je me ressentis de ces tracasseries. Les domestiques, à l'exemple du comte et de la comtesse, leurs maîtres, cessèrent de nous accabler de petits soins, Frédéric et moi; et les femmes de Madame s'enfuyaient du plus loin qu'elles apercevaient un habit bleu.

Dans ce désordre général, le major donna un dîner aux officiers de la légion; mais on n'avait plus à sa disposition les gens du comte ; il fallut y suppléer. Madame s'avisa de me faire prier par son fils, enfant de douze ans, d'aider les domestiques français ; à quoi je répondis que ma mission près du major était d'entretenir sa correspondance administrative; que je n'en avais ni n'en voulais accepter d'autre.

Ma réponse fut portée à cette dame, qui m'intima l'ordre de quitter l'hôtel de Mancilla. Je pris mes armes et me rendis à l'instant même au couvent de l'*Apparition*, où la légion était casernée.

En quelques heures un grand changement s'opéra dans ma position. J'occupais à l'hôtel, comme l'un des secrétaires du major, une jolie chambre, et j'avais un couvert à la table de l'intendant. Je trouvai la compagnie, comme le reste de la légion, logée dans les vastes galeries du couvent de l'*Apparition*. Les soldats couchaient sur le carreau, et, en arrivant, comme il faisait presque nuit, je m'étendis au milieu d'eux, faisant de très-profondes réflexions sur l'instabilité des choses humaines.

Le lendemain au matin, un planton vint, de la part du major, m'engager à retourner à l'hôtel ; je refusai. L'ambassadeur revint une heure après m'annoncer qu'en cas de nouveaux refus de ma part, le major m'enverrait chercher par quatre fusiliers.

Je retournai donc à l'hôtel Mancilla. M. Molard, prévenu contre moi, me reçut assez durement, et me dit que je serais libre de retourner à la caserne dès que j'aurais terminé le

travail dont j'étais chargé. Je me pi-
quai d'honneur, et, sans prêter l'o-
reille aux insinuations de Frédéric, qui
aurait dû se trouver dans la même position que moi, je me hâtai de faire ce
qu'on en exigeait, et retournai au couvent de l'Apparition.

Le 1er avril 1808, on forma, dans
les première et cinquième légions,
aux ordres du général Vedel, des
compagnies de grenadiers et voltigeurs. Les compagnies de chaque bataillon se trouvant, par cette opération, augmentées, il en résulta des
promotions. Je passai fourrier dans la
compagnie, et j'eus lieu de croire que
le major ne m'avait intérieurement
pas su mauvais gré de la conduite que
j'avais tenue avec son épouse : du
moins ne fit-il aucune objection lorsque mon capitaine me demanda pour
son fourrier.

Donnons ici un souvenir à la mémoire de ce brave capitaine, qui se nommait Farette.

Il était né sur les rives de la Somme. Entré au service au commencement de la révolution, il s'était distingué, n'étant encore que sergent, à la défense d'un poste qu'il disputa, à la tête de quelques hommes, à un nombre infiniment supérieur d'Autrichiens. Le général de l'armée d'Italie récompensa son courage par une arme d'honneur. Chacun des grades qu'il obtint fut toujours le prix d'une belle action ; il obtint celui de capitaine après la bataille d'Eylau, où il avait été blessé grièvement. Il avait depuis long-temps la croix d'honneur. Estimé des officiers, chéri de ses soldats, le brave Farette était digne d'être chargé de l'éducation militaire de jeunes élèves de la patrie. On n'abusait point de sa bonté, parce qu'il était sans faiblesse ; on ne se plaignait point de sa sévérité, parce qu'il était toujours juste. Il nous aimait comme ses enfans, et nous ne voyions en lui qu'un père. Son arrivée répandait la joie parmi nous, et jamais nous ne la redoutions, car il nous avait appris à servir comme il avait servi lui-même. Ses soins ne s'étendaient pas seulement au physique, mais encore au moral des soldats qu'il commandait : en même temps qu'il veillait avec une ardeur infatigable à leur instruction, à leur santé, il s'attachait à faire entrer dans leurs cœurs tous les nobles sentimens dont le sien était rempli. Il nous rendait fiers et du nom de Français et du nom de soldat ; et ceux de ses enfans que le fer n'a pas moissonnés ne se rappellent jamais ses vertus et sa fin déplorable (1) sans donner une larme à la mémoire de ce brave, qui fut, comme Bayard, sans peur et sans reproche.

Je ne tardai pas d'être initié dans les profonds mystères du grade que je venais d'obtenir. Les fourriers de la légion formaient une confrérie dans laquelle régnait un accord parfait. Voici à-peu-près la marche qu'ils suivaient : L'adjudant préposé aux distributions ne pouvant assister à toutes, confiait le bon général à l'un des fourriers. Celui-ci ne faisait délivrer à chaque compagnie que ce que le fourrier de cette compagnie lui demandait, et ordinairement, quelle

____

(1) Fait prisonnier à la fatale affaire de Baylen, Farette mourut à Cadix du chagrin de ne plus pouvoir servir sa patrie, qu'il adorait.

que soit la nature des objets, on demandait le moins possible. Lorsque la
distribution était terminée, les deux
tiers ou la moitié de la quantité to-
tale ayant été touchés, le fourrier
chargé du détail et porteur du bon
général demandait au fournisseur un
bon du surplus, dont il recevait le
montant en temps opportun. Comme
il ava t pris note de ce qui revenait
réellement et de ce qu'il avait donné, il comptait avec les fourriers. A
Ségovie, le charbon de bois qu'on
nous délivrait pour le chauffage étant
fort cher, ce qui n'est pas surpre-
nant dans un pays où il n'y a point de
grandes forêts (1), chaque distribution nous valait *una onza* (une pièce

---

(1) Dans les deux Castilles, l'Estramadure et Léon, le bois est rare ; dans d'autres
contrées, les forêts sont communes.

d'or de 80 francs) ; et il est à remarquer que les soldats en ayant
plus que suffisamment de ce qu'on
donnait, en vendaient eux-mêmes.
Cela aurait dû être toujours ainsi.

Nous quittâmes Ségovie pour nous
approcher de Madrid. Nous fûmes
cantonnés en un lieu nommé *Caramanchel-Arriba*, éloigné d'à-peu-
près une lieue de Madrid, où nous
vînmes plusieurs fois passer la revue
du prince Murat.

C'était un fort bel homme. La richesse et l'élégance du costume polo-
nais qu'il portait ordinairement rele-
vaient encore sa bonne mine. On
prétendait qu'il avait commencé les
hostilités contre les Espagnols en se
faisant aimer de leurs femmes. Murat
fut un des illustres guerriers de l'armée d'Egypte ; on le vit depuis se
distinguer à la tête de la cavalerie

française dans ces glorieuses campagnes dont un revers n'a pu ternir la gloire ; grand duc de Berg et de Clèves, roi de Naples, peut-être digne par sa valeur du rang où la fortune l'avait élevé, une mort funeste et des désastres aussi grands que ses prospérités furent son partage. On sait qu'ayant tenté avec quelques hommes déterminés de rentrer dans Naples, où ses partisans étaient nombreux, il fut pris et fusillé. Il ne se démentit pas à ses derniers momens, et mourut comme il avait vécu, en brave.

Nous passâmes la revue sur la promenade célèbre nommée le *Prado*. Madrid (1) est une grande ville dont

____

(1) Nous donnerons ici quelques détails sur Madrid, qui obvieront à la trop grande brièveté de notre auteur.

Madrid, capitale de l'Espagne, est situé

plusieurs rues et places sont d'une beauté remarquable. En venant de

---

au milieu du royaume, dans une plaine immense, mais aride, sablonneuse et dénuée d'arbres et d'eau. On attribue la sécheresse du sol à sa prodigieuse élévation, qui est de plus de trois cents toises au-dessus du niveau de la mer. C'est aussi à cause de cette élévation que l'air y est si vif, même en effet qu'on peut avoir froid à l'ombre, tandis qu'au soleil on est accablé par une chaleur insupportable.

En entrant dans cette capitale, on aperçoit de belles routes plantées d'arbres, et des portes magnifiques, d'une architecture moderne : celle d'Alcala est la plus remarquable. Mais, à moins qu'il ne pleuve, on est étouffé par la poussière, parce que la ville étant bâtie sur le sable, le moindre rayon de soleil, aidé de l'air vif qui y règne, le sèche presqu'aussitôt, l'élève par tourbillons très-incommodes. Des perroquets et des singes à toutes les fenêtres, une rue très-longue, très-spacieuse ; le bruit des

Caramanchel – Arriba , nous y arrivions sur un pont magnifique au-

cloches presque toujours en branle ; une infinité de tours, de flèches, de maisons à six , sept et huit étages ; de très-beaux balcons, etc. , rendent cette entrée de la ville vraiment imposante.

Madrid est d'une étendue qui n'est point proportionnée au nombre de ses habitans. Pendant le séjour des Français, l'éloignement de la noblesse attachée au roi Ferdinand , la suppression des couvens, si nombreux dans cette capitale, et la dispersion des moines dans les provinces où *ils allaient* souffler le feu de l'insurrection, avaient encore diminué beaucoup la population.

Les principales places sont : la *Plaga-Mayor* et la *Puerta-del-Sol*, qui aboutissent aux rues les plus commerçantes et les plus populeuses ; on distingue surtout les rues *Mayor*, *las Carretas*, la *Montera*, *Alcala* et *San-Jeronimo*. De beaux palais ornent cette capitale ; ceux du prince de la Paix , de Medina-Cœli, de l'Infantado, de Villa-

quel il ne manque qu'une rivière
qui puisse faire comprendre pour-

Franca, se font admirer par leur vaste étendue et leur magnificence. Le palais des rois,
qui n'est pas encore achevé, est sur une
hauteur près de laquelle coule le ruisseau
du Mançanarez ; il est de forme carrée et
construit en pierres de taille. Son architecture, beaucoup trop vantée, est cependant noble, simple et d'un bon goût. L'intérieur est d'une grande beauté, et l'on voit
réunies dans ce lieu toutes les richesses des
deux mondes. Les escaliers, les corridors,
les antichambres sont remplis des pein-
tures de Raphael, de Rubens, du Titien,
du Corrège, etc.

Sur la place du palais, il y a un bâtiment appelé *Armeria*, contenant une pré-
cieuse collection d'armes. On y montre aux
curieux la cuirasse de la fameuse reine Isa-
belle, et les épées de Pélage, restaurateur
de la monarchie espagnole, du Cid, du
paladin Roland, de Bernard de Carpio,
des Paredes, etc. On y voyait aussi autre-

quoi on l'a bâti. Le palais des rois est fort beau. Je me plaisais à voir,

---

fois celle dont François Ier s'était servi à la bataille de Pavie. Mais les Français, en évacuant Madrid, ont enlevé ce monument de la honte de leurs aïeux.

Les rois d'Espagne avaient aussi un palais dans le *Retiro*, grand parc situé entre les portes d'Alcala et d'Atocha, et longeant le Prado. Ce palais a été abandonné depuis la construction du nouveau, et il servait de caserne à la garnison française de Madrid. On voit au milieu du Retiro un vaste bâtiment où l'on fabrique de la porcelaine à l'imitation de celle de la Chine; ce qui a fait donner à cet établissement le nom de *China*.

Au sortir du Retiro on trouve les belles promenades du *Prado* et des *Délices*; celle-ci prolonge ses vastes ombrages jusqu'aux rives du Mançanarez; c'est là où, les jours de fête, se porte en foule une partie de la population de Madrid; une grande allée reçoit les voitures, qui circulent lentement jusqu'à ce qu'elles aient fait entièrement le

sur les places des marchés des mon-
ceaux d'oranges, de grenades for-

---

tour. Les femmes ne descendent pas de leurs
équipages, et n'ont guère d'autre but que
celui de se faire admirer. Les piétons remplissent deux allées latérales embellies de
fontaines magnifiques, parmi lesquelles on
remarque celles de Cybèle, de Neptune et
d'Apollon. Le Prado, que tant de duels et de
rendez-vous amoureux ont rendu célèbre, n'a
rien perdu de sa réputation sous les Français.

A l'extrémité des Délices, en longeant le
Mançanarez, on arrive au canal de même
nom, dont le roi Joseph avait ordonné l'a-
chèvement, et au superbe pont de Tolède,
l'un des plus beaux de l'Europe. Il est fâ-
cheux qu'il attende une rivière, car le Mançanarez n'est en cet endroit qu'un faible
ruisseau qui reste à sec tout l'été.

Rentrant dans la ville par la porte de
Tolède, on trouve la place de la *Cebada*,
qui est fort vaste, mais dépourvue de beaux
édifices; on arrive ensuite à la place Mayor,
qui est presque le centre de Madrid; elle est

mant des pyramides de la hauteur d'un homme. Le spectacle des diverses

pleine de marchands de comestibles, et on y voit toute sorte de fruits. La *Puerta-del-Sol* ou *porte du soleil*, n'en est pas fort éloignée. C'était autrefois une porte de la ville dont cette place n'a conservé que le nom. C'est là où se rendent en foule de nombreux groupes d'oisifs qui, en fumant leurs cigares, viennent mendier des nouvelles; ils se succèdent sans cesse, et la place n'est vide qu'à l'heure de la *siesta*. Le plus profond silence règne alors dans la ville, et pendant trois heures tout le monde est livré au sommeil. Mais aussitôt que la chaleur est moins forte, tout reprend une nouvelle vie, et on est étourdi par les cris des marchands de comestibles, des *agnadores* ou porteurs d'eau, et des conducteurs de *calesin*, espèce de cabriolet traîné par une mule. Enfin la foule est si considérable à cette heure aux environs de la Puerta-del-Sol, qu'on a de la peine à passer.

Dans la rue d'Alcala, on remarque le bâ-

classes du peuple est aussi bizarre qu'il
est varié. Là , un Castillan relève avec

---

timent où est le cabinet d'histoire naturelle,
qui est un des plus riches de l'Europe en
métaux et en minéraux. On y voit d'énormes
blocs d'or et d'argent , du poids de plusieurs livres , trouvés ainsi dans les mines ,
des fragmens de rochers couverts de dia-
mans, d'émeraudes et de rubis. On y a ras-
semblé avec le plus grand soin les différens
marbres qu'on trouve en Espagne, et la quantité en est fort considérable. La collection
en animaux mérite d'être visitée; mais ce qui
excite davantage l'attention des curieux , ce
sont les armes, les instrumens et les véte-
mens de tous les peuples de l'Amérique et
des Indes, ainsi que les présens des empe-
reurs de la Chine , de Perse et de Turquie
aux souverains d'Espagne.

Madrid offre le mélange des caractères des
différentes provinces ; mais l'empreinte des
mœurs arabes y est moins conservée qu'en
Andalousie , en Estramadure ou dans la
Manche : cependant les Espagnols, en géné-

digmié les plis de son large manteau ;
ici , un bouvier de la Manche, un long

---

ral, ont gardé de ces peuples leur goût pour
la galanterie, les grands airs chevaleresques,
le faste et les titres pompeux.

Les grands seigneurs espagnols aiment la
magnificence, et mettent leur orgueil à entretenir une suite nombreuse de gens, et à
briller par un grand état de maison. On
comptait chez le duc de Medina-Cœli plus
de cinq cents domestiques portant sa livrée.
On voit aussi dans les principales maisons,
comme en Pologne, de pauvres gentils-
hommes qui remplissent différens emplois
d'économes et de majordome, et qui ne
peuvent pas déroger. Leurs nobles aïeux se
fussent bien gardés d'une conduite semblable ; ils auraient mieux aimé servir dans les
armées espagnoles ou cultiver de leurs mains
le champ de leur pauvreté.

A Madrid, les Espagnoles sont généralement belles, mais presque toutes brunes,
couleur nationale qui est encore bien plus
prononcée dans les provinces. Leurs yeux

aiguillon à la main , est revêtu d'une
saie de peau de buffle ; plus loin, on

---

sont noirs, très-grands et fort expressifs ;
elles ont ordinairement une taille déliée ,
une belle jambe et le pied petit. Avec ce
physique enchanteur. elles ont une grâce
infinie dans toutes leurs actions, et un je
ne sais quoi répandu sur toute leur personne
qui les rend très-séduisantes. Elles ont
elles-mêmes l'imagination vive et les passions violentes. Quand elles aiment, c'est
avec fureur, avec fanatisme, et veulent être
payées de retour. Cette abnégation de toutes
choses envers l'objet aimé les rend jalouses
à l'excès ; elles poignarderaient sans ba-
lancer une rivale et un infidèle. Aussi les
mœurs ne sont pas plus sévères en Espagne
qu'en France et en Allemagne ; la rigidité
des duègnes ne se trouve plus que dans les
romans , et les maris ne sont ni plus sévères ni plus jaloux qu'ailleurs.

Les femmes de la meilleure société fu-
ment quelquefois des cigares d'un tabac
très-doux , recouverts d'une paille légère et

voit des hommes dont les cheveux
sont enveloppés dans de longs réseaux

semblables à de petits chalumeaux. Une Espagnole vous offre quelquefois son cigare
fumé à demi, et on commettrait une grande
impolitesse si l'on montrait de la répu-
gnance à accepter cette faveur. Une autre
marque d'intimité, c'est de porter l'éventail d'une belle : les Espagnoles en ont dans
toutes les saisons : c'est moins pour se donner de l'air que par habitude et par main-
tien ; elles ont une grâce infinie à s'en servir ; on peut dire qu'elles parlent avec leur
éventail, tant elles mettent de vivacité et
de finesse dans la manière de le faire mou-
voir, en saluant ou en faisant des signes toujours très-expressifs. La même mobilité, le
même charme règnent dans leurs danses,
qui viennent de l'Orient, ainsi que l'usage
des castagnettes. On peut dire que les
femmes, surtout à Madrid, n'ont rien de
ce qu'on appelle *la gravité espagnole*.

C'est de Madrid que partit le signal de la
grande insurrection contre les Français. Le

de soie ; d'autres portent une espèce de veste courte, brune, chamarrée de bleu et de rouge, qui rappelle le vêtement mauresque... Vous voyez arriver de longues files de mulets chargés d'outres de vin et d'huile, ou bien des bandes monstrueuses d'ânes conduits

______

2 mai 1808, à la nouvelle que Ferdinand était retenu à Bayonne, toute la population se souleva par un mouvement spontané. Mais les mesures ordonnées par le prince Murat, qui commandait alors à Madrid, eurent bientôt rétabli l'ordre, et quelques coups de canon tirés à mitraille dans les rues obligèrent promptement les cinquante ou soixante mille habitans qui avaient voulu secouer le joug à rentrer dans le devoir. La noblesse et le clergé, forcés de céder, désertèrent alors en foule la capitale pour se jeter dans les provinces non encore occupées par les Français, et ne tardèrent pas à allumer les brandons de cet épouvantable incendie qui a dévoré, dans les deux partis, un si grand nombre de victimes.

par un seul homme; vous rencontrez aussi des voitures traînées par huit ou dix mules ornées de clochettes.... Les vociférations des conducteurs et des muletiers, les sons des cloches des églises, ces hommes diversement vêtus, le surcroît d'activité méridionale, donnaient à la capitale de l'Espagne une apparence tout-à-fait étrangère pour des hommes qui venaient du Nord, où tout se passe en silence. (*Mémoires de Rocca.*) Le costume des femmes de Madrid est aussi gracieux que leur tournure. Elles portent généralement une robe noire de soie ou de laine très-juste à la taille, avec des franges de même couleur, à plusieurs rangs, et ce qu'on nomme *mantilla* est un voile qui leur couvre la tête et les épaules. Il m'est arrivé de donner quinze ans à une femme qui marchait devant moi et de m'apercevoir, quand je l'avais devancée, qu'elle en avait cinquante. En général elles ont beaucoup de grâces, sont petites, pâles, mais ont les yeux pleins de vivacité et d'express ion

Je me rappelle une aventure qui arriva à quelques jeunes gens, et qui donnera une idée du caractère du peuple de cette capitale.

Six de nos légionnaires étant allés à Madrid un jour de fête (fête religieuse : je ne crois pas qu'il y en ait d'autres), y déjeûnèrent chez un traiteur italien (je remarquerai ici que la plupart des établissemens utiles ou agréables étaient ordinairement dirigés par des étrangers), et sortirent de chez lui comme des gens qui n'avaient pas trop imité la sobriété des habitans du pays. Se tenant tous les six bras dessus, bras dessous, barrant les rues obstruées d'une foule empressée, coudoyant les hommes, faisant, en mauvais espagnol, des complimens tant soit peu cavaliers aux femmes, ils arrivèrent, non sans avoir scandalisé le peuple de Madrid, dans un lieu où devaient passer les processions. Le commencement de cette aventure est assez gai ; mais voici qui ne l'est pas du tout.

La procession arrive, tout le monde se prosterne ; les six Français restent debout, mais la tête découverte, un seul excepté, et peut-être le fit-il sans intention. Un prêtre, celui qui portait *el vaso sagrado*, le fixe, pâlit, s'avance gravement vers lui, et d'un coup de la main dont il pouvait se servir, il fait sauter son schako à terre. Par un mouvement aussi prompt que la pensée, le militaire, si grièvement insulté, renverse le prêtre et l'image qu'il portait. A l'instant mille cris affreux s'élèvent, mille bras armés de couteaux s'apprêtent à le frapper (1). Les six Français mettent le sabre à la main, se font jour à travers cette populace, et se réfugient dans un corps-de-garde de dragons français. On les y suit; les dragons, en trop petit nombre pour en imposer, sont forcés. Le corps-de-garde avait une issue par laquelle ces malheureux Français s'échappèrent; mais, ne connaissant pas les lieux, ils furent tous repris, un seul excepté. Celui-ci avait atteint, comme par miracle, la *Puerta-del-Sol*, lorsqu'un cavalier espagnol, le pistolet au poing, l'arrête et

____

(1) Tous les hommes du peuple, en Espagne, portent dans une poche faite exprès, le long de la cuisse, un couteau long de six à huit pouces, renfermé dans une gaîne et soigneusement effilé.

le fait revenir sur ses pas. Madrid, déjà gouverné par les Français, avait une police nouvelle et active. Des troupes françaises et espagnoles étaient accourues aussitôt, avaient arraché les légionnaires à la populace; mais, pour lui accorder quelque chose et calmer son effervescence, on les conduisit dans les prisons de l'Inquisition. Ils n'avaient rien à redouter de ce tribunal, dont l'empire, depuis long-temps affaibli, était pour le moment entièrement renversé (1). A minuit,

---

(1) Lorsque Napoléon s'était décidé à envahir l'Espagne à main armée, il avait été complètement abusé sur le caractère dominant du peuple de ce pays, par les rapports inexacts de son beau-frère Murat. Il s'était flatté qu'une révolution politique plairait à la masse de la nation espagnole, comme naguère la révolution française avait été applaudie par toute la population. C'est pour

le général français commandant la place de Madrid vint dans les prisons, suivi du prêtre auteur de l'émeute ; il entendit les plaintes des parties. Après avoir réprimandé les jeunes soldats avec sévérité, il accabla le prêtre de tous les reproches

---

ce motif qu'en mettant le pied sur le territoire espagnol, il abolit solennellement tous les droits antiques et féodaux qui pesaient sur le peuple, et particulièrement l'infernale institution appelée la Sainte-Inquisition; mais la civilisation du peuple espagnol, stationnaire depuis deux cents ans, n'était pas assez avancée pour reconnaître le bienfait de cette abolition. Aussi superstitieux, aussi fanatique qu'il pouvait l'être sous le despote Philippe II, le peuple espagnol croyait encore qu'on ne saurait être heureux sans moines, sans seigneurs et sans inquisition. Au lieu donc de se faire des partisans en proclamant l'affranchissement de l'Espagne, Napoléon ne pensait qu'à se faire des enne-

qu'il méritait, et fit conduire les premiers au Caramanchel-Arriba par une escorte de grenadiers espagnols qui répondaient d'eux sur leurs têtes.

De Madrid, la division se porta à Aranjuez, maison de plaisance des rois d'Espagne, située sur le Tage (1).

---

mis. Quelques hommes seulement surent apprécier cette espèce de régénération de leur pays, et la masse, ameutée par les moines, ne tarda pas à se soulever pour reconquérir ses moines, ses seigneurs et son inquisition qu'elle a en effet libéralement laissé rétablir par son roi.　　　(*Note de l'Editeur.*)

(1) Ceux qui ont vu Potsdam en Prusse peuvent se faire une idée d'Aranjuez. Ces deux résidences royales se ressemblent beaucoup. Les jardins d'Aranjuez, traversés par le Tage, qui les vivifie et les embellit, sont parés de tout ce que le règne végétal offre de plus rare, de plus recherché et de plus beau ; on y trouve de longues allées de saules pleureurs et de catalpas, des eaux,

La division aux ordres du général Vedel se composait, ainsi que nous l'avons dit, de la première et de la cinquième légion, d'un bataillon du troisième régiment suisse, et de dragons de divers corps avec un détachement d'artillerie à pied.

---

des sites et des vues charmans ; c'est un séjour enchanteur, de l'aveu de tous les voyageurs. Le palais où séjournent les rois est remarquable par l'élégance de son architecture.

Aranjuez sera désormais célèbre dans l'histoire par les déplorables querelles survenues entre le roi Charles IV et son fils, le prince des Asturies, aujourd'hui Ferdinand VII. Tout le monde sait que celui ci fut accusé à la face de l'Europe d'avoir voulu attenter aux jours du roi son père. Arrêté par ordre de Charles IV dans le palais d'Aranjuez, il fut sur le point d'être jugé comme autrefois l'infortuné don Carlos. L'histoire dira un jour si le prince des Asturies partageait l'inno-

Nous ne savions rien des grands événemens qui se préparaient. Nous entendîmes bien parler du voyage de la famille royale à Bayonne, et les Espagnols paraissaient fort irrités contre Charles IV, la reine et le prince de la Paix. Je ne parlerai point de tous ces événemens, parce que, quoique je me trouvasse en Espagne au commencement de cette révolution qui allait la tirer du long repos dont elle jouissait depuis 1795 sur terre, si je voulais donner quelque idée de ce qui se passa alors dans la Péninsule, je serais obligé de consulter, non mes souve-

cence du fils de Philippe II. Les événemens d'Aranjuez sont encore enveloppés d'un voile si épais, qu'il serait peut-être téméraire d'essayer à le soulever, surtout lorsque la personne inculpée est assise sur un trône et a à ses ordres les archers de la Sainte-Hermandad.   (*Note de l'Editeur.*)

nirs, mais les écrits de ceux qui ont traité de la guerre d'Espagne.

Napoléon avait tiré, pour les envoyer dans le Nord, les meilleures troupes du pays; mais il devait en rester encore beaucoup; car, outre celles que je vis à Madrid, il y en avait à Aranjuez lorsque nous y étions, et le camp de St.-Roch n'était pas levé.

Les Espagnols nous préparaient des vêpres siciliennes. Leur dessein n'était pas un secret pour les généraux français. Une foule de montagnards étaient descendus comme des bêtes féroces des gorges de la Sierra-Morena pour se baigner dans le sang français; mais ils étaient attendus et ne retournèrent pas tous dans leurs repaires. Il paraît que les Espagnols perdirent beaucoup de monde dans la sanglante journée du 2 mai. Une foule indisciplinée obstruait des rues qu'enfilait l'artillerie disposée çà et là dans la ville. Supris lorqu'ils croyaient surprendre, obligés de se défendre quand ils comptaient n'avoir qu'à égorger, les Espagnols ne se défendirent pas avec le courage que devait faire présumer une entreprise si désespérée. Les Mamelucks de la garde impériale en firent une horrible boucherie. Un de ces derniers ayant mis pied à terre, et ayant forcé la porte d'une maison de laquelle était parti un coup de feu, fut tué d'un coup d'épée par une jeune fille d'une rare beauté qui, elle-même, tomba sous les coups des Mamelucks irrités de la mort de leur compagnon.

Aranjuez était désert le 2 mai. Les habitans y furent remplacés momentanément par les hordes venues de la Manche. Dans la nuit du 1er au 2, il y eut quelques coups de fusil tirés, et nous eûmes quelques blessés dans le bataillon ; mais les brigands n'osèrent attaquer sérieusement nos quartiers (1).

Nous avions un assez grand nombre de malades alors ; il en mourait beaucoup. Je fus atteint de cette épidémie, qui faisait quelques ravages. Comme je savais que les hommes envoyés à l'hôpital n'en revenaient pas

---

(1) Les montagnards de la Sierra Morena donnèrent les premiers l'exemple de cette insurrection générale qui devait faire échouer l'entreprise de Napoléon. Habitant des montagnes presqu'inaccessibles et entièrement stériles, ces paysans étaient encore plus superstitieux que le reste des Espagnols. Il ne fut donc point difficile aux moines et autres suppôts de l'Inquisition, que Napoléon venait de détruire, de souffler dans ces ames irritables et féroces le feu de la haine, du fanatisme, et de la scélératesse. Descendus de leurs repaires,

en grand nombre , je desirais rester
au quartier ; mais un ordre exprès s'op-
posait sagement à ce qu'on y gardât
aucun malade. M. Rostollant, sous-
lieutenant de la compagnie , s'acquit
dès ce moment des droits à ma reconnaissance, en me dérobant au sort
à-peu-près commun des malheureux
qu'on envoyait dans les hôpitaux militaires. Il me fit porter dans son pro-

____

ces hommes de sang fournirent le signal à
cette longue suite d'atrocités qui ont donné
à la guerre d'Espagne une physionomie si
sombre et si différente de celle des autres
guerres de l'Europe. Les montagnes de la
Sierra Morena sont, au reste, le refuge ordinaire de tous les brigands de l'Espagne.
Ceux qui, aujourd'hui, menacent de détruire
leur propre ouvrage en attaquant le trône
qu'ils ont rétabli, descendent encore des
montagnes arides de la Sierra Morena.

(*Note de l'Editeur.*)

pre logement, où mon arrivée excita une sédition, les Espagnols craignant de me recevoir ni plus ni moins que si j'eusse été atteint de la peste. M. Rostollant ne tint compte de leurs criailleries, me logea près de lui, et prit tant de soins de moi, que je recouvrai la santé en peu de temps. C'est à ce jeune et généreux officier, digne du général Rostollant son oncle, qui se distingua à la bataille de Bergen, gagnée en 1799, contre les Anglais et les Russes, par l'infortuné Brune (1) ; c'est à ce jeune et gé-

____

(1) Brune s'est immortalisé par sa belle campagne de Hollande en 1799. Les Anglais et les Russes réunis contre la France étaient débarqués dans ce pays au nombre de plus de 45,000 hommes. Brune, qui commandait en Hollande, ramasse à la hâte toutes les troupes disséminées dans le pays, arme les gardes nationales hollandaises, forme

(110)

néreux officier , dis-je , que je dois
la vie.

Nous quittâmes Aranjuez pour nous
rendre à Tolède. Je pus remarquer

---

du tout un corps dont la force était à peine
de 25,000 combattans, et cependant, certain de la valeur de ses soldats et de la justice
de sa cause , il vient bravement attaquer les
45,000 Anglo-Russes. Non-seulement il les
bat , il les disperse , mais il accule le gros
de leurs forces sur le bord de la mer , les af-
fronte en leur coupant toutes les communi-
cations, et oblige enfin le duc d'York, fils du
roi d'Angleterre, qui les commandait , à
consentir une humiliante capitulation qui
renouvela pour les Anglais la honte des
fourches caudines.

C'est pourtant ce même général Brune ,
qui avait si puissamment contribué à la
gloire de la France, que des monstres de
fanatisme religieux et politique ont indi-
gnement assassiné en 1815 , au moment où
il revenait de combattre encore les ennemis
de la patrie.　　　(*Note de l'Editeur.*)

encore quelle différence locale existe
entre la France et l'Espagne. Les
routes de la première sont couvertes
d'hôtelleries et de villages ; celles de
la seconde traversent des déserts dans
lesquels on chemine des journées entières sans rencontrer ni habitations
ni hommes. Les auberges que l'on y
rencontre par grand hasard sont des
hangars où l'on trouve tout au plus
du pain , du vin et de l'huile.

Tolède , ancienne capitale de l'Espagne , est située sur une montagne
de granit, au pied de laquelle coule
le Tage. Elle est grande , et possède
une magnifique cathédrale dans laquelle on voit les tombeaux de plusieurs rois de Castille. Je ne sais si
les intentions de ses habitans ne nous
étaient pas favorables ; mais nous bivouaquâmes de l'autre côté du Tage
pour n'y pas entrer de nuit. Nous

fûmes logés, le lendemain, dans un couvent aux murs duquel on voit suspendues des chaînes jadis portées par les captifs que les religieux allaient racheter en Barbarie. Peu de temps après notre arrivée dans cette ville, notre bataillon seul fut détaché pour aller dans la Manche enlever un convoi de poudre qu'on y formait. Déjà les prêtres, qui tremblaient pour leurs priviléges, à côté desquels ne sont rien les intérêts de la patrie; déjà les Anglais, qui mettent l'intrigue et la trahison au nombre de leurs moyens de défense et d'attaque les plus efficaces, intriguaient visiblement pour animer contre les Français les peuples de ces contrées.

En nous rendant dans la Manche, notre bataillon passa par Ocâna (1),

____

(1) Ocâna est l'une des principales villes

petite ville qui se trouve sur les con-
fins de cette province et de la vieille
Castille , et qu'une sanglante bataille
devait depuis rendre si célèbre. Je

---

de la Manche ; les nombreux moulins à vent
qui l'entourent avertissent le voyageur qu'il
entre dans cette province , le théâtre des
hauts faits de l'immortel héros de Cervantès.
On trouve encore dans le canton de la
Manche les habits et les mœurs que l'auteur espagnol a si bien décrits dans son livre
inimitable. Il n'y a pas de laboureur , pas
de jeune paysanne qui ne connaisse très-
bien *Don-Quichotte* et *Sancho*. Il y a même,
dans *la Venta de Quesada* , un puits qui
porte encore le nom du chevalier errant.
C'est là que ce héros fit sa veillée d'armes.
Tels sont le sort et la récompense des hommes
de génie ; leurs poésies deviennent nationales, et chez le peuple même elles ont des
monumens : ainsi Shakespear , parmi les
Anglais , a donné son nom à des chemins
et à des montagnes.

reçus dans cette ville une leçon de discipline si rigoureuse et si bien méritée, qu'elle me dégoûta pour jamais d'imiter désormais la conduite un peu plus que répréhensible de messieurs les fourriers, mes camarades.

La compagnie était logée dans une ferme d'assez belle apparence, située non loin d'une des portes de cette ville. On avait fait une distribution de bois, et comptant bien que les soldats trouveraient dans la ferme celui dont ils pourraient avoir besoin, je me fis rembourser par le fournisseur la valeur de ce qu'il en revenait à la compagnie. Les soldats n'ayant point de bois pour leur cuisine, commencèrent à démonter les portes, ce que voyant le maître de la maison, il courut chez le capitaine, qui logeait à l'une des portes d'Ocâna peu éloignée de la ferme. Le capitaine Farette ne tarda pas d'arriver, d'appeler tous les sous-officiers et de les réprimander fortement. Jamais ce brave homme n'avait été que le moins possible à charge aux habitans que la guerre avait forcés de le recevoir sous leurs toits, et ils avaient toujours trouvé en lui un zélé défenseur. Il fallut bien que la vérité fût connue. Le capitaine me suspendit sur-le-champ de mes fonctions de fourrier, en attendant, disait-il, que le major, sur sa demande, me cassât; et ayant appelé un caporal, il lui ordonna de me mettre en faction à la porte du corps-de-garde. C'est ainsi que, par une juste sévérité, ce digne officier maintenait, parmi ses soldats, une exacte discipline.

Il avait beaucoup d'affection pour moi, et se contenta de m'avoir suspendu vingt-quatre heures. Le dis-

cours qu'il me tint en me réhabili-
tant me fit rougir du motif qui avait
amené ma disgrâce passagère. Cette
leçon ne fut pas perdue pour moi,
et ma conduite postérieure dut prouver à M. Farette que je n'étais point
indigne de l'indulgence qu'il m'avait
montrée.

Dans notre expédition, nous passâmes au Toboso, village que l'ingé-
nieux roman de Cervantès a rendu si
célèbre. Une certaine quantité de vin
entrait dans les vivres de campagne
qui nous étaient délivrés; il nous fut
fourni dans ce lieu par un marchand
auvergnat, dont j'aurai occasion de
parler plus au long dans la suite.

Je ne sais plus le nom du lieu où
se termina notre voyage. Les poudres
étaient dans un vieux château; nous
ne prîmes que le temps de les charger
sur les caissons que nous avions ame-

nés, et reprîmes le chemin par où nous étions venus.

Nous revînmes comme nous étions allés, à marches forcées et durant la plus grande chaleur du jour : aussi jamais je ne m'étais trouvé autant harassé. Je m'étonne encore que de jeunes soldats, étrangers à la fatigue, chargés d'armes, couverts de lourds habits, pussent marcher à l'heure même où les habitans du pays sont obligés, par un soleil brûlant, de se retirer dans leurs maisons. Cette force d'ame dont tous les Français sont comme favorisés par la nature, pouvait seule leur donner la force physique nécessaire pour supporter des fatigues qui paraissaient intolérables aux Espagnols. La longue guerre de la Péninsule a dû prouver, plus qu'aucune autre, que les Français semblent formés par la nature pour un peuple éminemment propre à la guerre.

Arrivé à la Cabera, on donna des billets de logement pour un certain nombre de compagnies; les autres bivouaquèrent auprès des caissons. J'étais si accablé que j'eus à peine, en entrant dans la chambre qui était destinée aux sous-officiers, la force de m'approcher d'une chaise pour m'y asseoir. Quand on servit le souper, il me fut impossible de me lever; on me porta près de la table. A l'issue de notre frugal repas, le même embarras se reproduisit; il m'était impossible de me plier en aucune manière. On fut obligé de me déshabiller et de me porter au lit, effrayé de l'état dans lequel je me trouvais, mais espérant que le repos de la nuit y apporterait quelque changement.

Le lendemain mon espoir ne se-

trouva pas réalisé ; mes jambes et mes cuisses, comme frappées de paralysie, se refusaient à toute espèce de mouvement, et je me trouvai dans un embarras extrême. Qu'allais-je devenir ? Il était défendu de monter sur les caissons, et ce fut en vain que le capitaine fit chercher un cheval ; on ne trouva point d'habitans qui en voulût louer, et il n'est pas hors de propos de remarquer que le chef de l'expédition ne voulut pas qu'on en prît un par réquisition, tant on usait de ménagement avec les Espagnols. Je fit de si grands efforts pour vaincre l'engourdissement de mes membres, que je suivis pendant quelque temps ; mais la force plutôt que le courage finit par m'abandonner, et je me trouvai à la queue du bataillon, peu après à celle des caissons, et enfin, parmi ceux qui, comme moi, étaient en arrière, lesquels finirent par me passer, et je me trouvai absolument seul, deux soldats que le capitaine avait laissés près de moi m'ayant quitté, effrayés du danger qui les menaçait; car les paysans suivaient déjà les troupes françaises pour en égorger les hommes isolés. Je n'aperçus bientôt le bataillon que dans le lointain, et lorsqu'il se trouvait sur quelque lieu élevé. Résigné à mon sort, et ne pouvant avancer davantage, je me jetai à terre, et ne tardai pas de m'endormir. A la hauteur du soleil, je jugeai, en me réveillant, qu'une heure s'était écoulée depuis que je m'étais endormi; j'aurais probablement, dans l'état d'affaissement où j'étais, prolongé davantage ce dangereux sommeil, si quelques coups de feu tirés non loin de moi ne m'en avaient arraché. Je me trouvai, en ouvrant

les yeux, entouré de quatre grenadiers du bataillon, qui me deman-
dèrent par quel hasard je me trouvais
là. Le bataillon était parti si précipi-
tamment que ces grenadiers, qui s'é-
taient enivrés la veille, avaient été
laissés dans leur logement; ils s'é-
taient hâtés de partir; mais à peine
hors du village, les paysans les avaient
poursuivis en tirant fréquemment sur
eux. Quoique vingt hommes armés
fussent à leur poursuite, ces braves
résolurent entr'eux de ne pas m'a-
bandonner; les uns se chargèrent
de mes armes, les autres m'aidèrent
à marcher; et, soit que le nouveau
repos que je venais de prendre m'eût
été salutaire, soit que l'éminence du
danger me donnât des forces, je réussis à les suivre. Les Espagnols ré-
glaient assez leur pas sur le nôtre, et
la plupart de leurs coups étaient tirés

de trop loin pour nous faire quelque mal. Nous étions quatre de trop pour être attaqués par ce qu'on a appelé depuis des *Guerillas*, car les brigands qui composèrent ces espèces de troupes irrégulières, plus cruels cent fois que les Cosaques dont on a tant effrayé la France en 1814, étaient aussi lâches que féroces.

Nous fûmes enfin assez heureux pour rejoindre le bataillon vers le soir, et, chose étrange, cette lassitude, telle que je n'en ai jamais éprouvée de ma vie, s'était dissipée en marchant.

Aranjuez, où nous repassâmes, était abandonné. Une partie du bataillon se logea dans l'hôtel du prince de la Paix, l'autre bivouaqua près des poudres. Les sentinelles exceptées, tout dormait profondément, quand des cris accompagnés de coups de feu réveillèrent les compagnies de garde, qui prirent aussitôt les armes. Quelques hommes ayant couru dans l'endroit du parc d'où partaient les cris, trouvèrent un cavalier se défendant contre des brigands, qui profitèrent de l'obscurité pour leur échapper. On amena cet homme au bivouac: c'était l'Auvergnat du Toboso qui portait des dépêches à Madrid. Elles étaient, à ce qu'il dit au capitaine, des habitans de la province bien intentionnés pour la France. Le courrier, sans attendre le jour, voulut repartir de suite.

Nous rentrâmes bientôt dans ces plaines arides et désertes que l'on trouve en allant vers Tolède. Les fourriers prirent les devans. Cette ville étant occupée, nous croyions n'avoir rien à craindre. Ils se séparèrent même, et selon qu'ils allaient plus ou moins vite, se trouvèrent divisés en plusieurs pelotons.

Moi quatrième, nous gagnâmes une ferme assez écartée de la route pour tâcher de trouver un peu d'eau. Le fermier, et une demi-douzaine de paysans accourus à sa voix, se jetèrent sur leurs escopettes, en prononçant je ne sais combien de fois le fameux *carajo*! (juron favori chez les Espagnols), et nous forcèrent de nous retirer en nous tenant sans cesse en joue. Nos armes n'étaient point chargées; il fallut céder à la nécessité. Nous nous arrêtâmes derrière le mur d'un bâtiment éloigné d'environ cent cinquante pas de la ferme, dont il masquait la porte. Là, nous rechargeâmes nos fusils en silence. Nous n'avions pas besoin de nous consulter pour savoir ce que nous devions faire. Il fallait venger l'insulte qui nous avait été faite. Nous revînmes bientôt sur nos pas. Les Espagnols, rassemblés sur la porte de la ferme, nous ayant aperçus, vinrent à nous, forts de leur supériorité numérique. On tira des deux côtés à moins de cinquante pas de distance ; après quoi l'on fondit les uns sur les autres avec une fureur indicible. La bayonnette répara le mal que nous fit d'abord le désavantage du nombre. Le désespoir de quelques femmes spectatrices du combat ajoutait à l'horreur du tableau. Nous oubliâmes le sujet qui nous avait amenés près de ces barbares, et prîmes le chemin de Tolède.

Nous fîmes rencontre, avant d'y arriver, d'une compagnie de la cinquième légion qui allait à Aranjuez. Sur ce que nous leur racontâmes des habitans de la ferme, elle s'y rendit, comme nous le sûmes après, et y commit quelques désordres.

Nous entrâmes à la nuit dans Tolède ; mais nous n'étions que trois !

La division quitta cette ville pour
rejoindre, en Andalousie, le général
Dupont, qui, après avoir battu les Espagnols au pont d'Alcoléa, sur le
Guadalquivir, près la ville de Cordoue, s'était vu forcé de rétrograder
devant des forces infiniment supé-
rieures.

Je placerai ici un détail très-exact
sur le combat d'Alcoléa et de la prise
de Cordoue par la première division
du général Dupont, détail qui m'a
été fourni par un de mes camarades.

« La première division sous les
» ordres de M. le général comte
» Dupont, commandant en chef le
» deuxième corps d'armée d'obser-
» vation de la Gironde, arriva à
» Andujar le 3 juin, y séjourna
» le 4.

» Le 5 elle partit d'Andujar, et
» alla prendre position à Aldea-del-
» Rio. Les deux régimens de la
» garde de Paris aux ordres de M. le
» major Estève, et une batterie de
» pièces de campagne furent envoyés
» une lieue plus avant, à Montoro,
» pour observer les avant-postes
» espagnols, qu'on présumait devoir
» se trouver près de ce village; mais
» ils ne rencontrèrent rien. Le 6, la
» divison entière se rendit à Carpio,
» et alla prendre ses bivouacs au-
» delà du bourg, sur les bords du
» Quadalquivir; le quartier-général
» resta à Carpio; pendant la nuit,
» on jeta un pont sur le fleuve
» pour mettre à terre sur l'autre
» rive plusieurs corps de la division,
» parmi lesquels se trouvaient le
» quatrième régiment suisse, un
» régiment de Suisses au service

» d'Espagne, qui s'étaient réunis aux
» Français sous les murs de Tolède.
» Les autres corps restèrent sur la
» rive gauche. A deux heures du
» matin on leva le camp et l'on prit
» la route de Cordoue ; à la pointe
» du jour la division était arrivée au
» pont d'Alcolea. Ici l'attaque com-
» mença ; la fusillade s'engagea con-
» tre des paysans insurgés qui furent
» bientôt culbutés ; une redoute était
» établie en avant du pont. Les Espa-
» gnols qui la défendaient soutinrent
» avec courage l'attaque des Fran-
» çais ; la valeur de ces derniers
» triompha des obstacles, et la redoute
» fut enlevée ; les Espagnols y lais-
» sèrent un assez grand nombre de
» morts et de blessés ; le reste se
» retira de l'autre côté du pont, où
» se trouvait le gros de l'armée espa-
» gnole. Le passage du pont fut ordon-

» né ; la garde de Paris se présente et
» fut accueillie par une décharge à
» mitraille de plusieurs pièces placées
» en batteries de l'autre côté du pont;
» il y eut un instant d'hésitation. Ici
» se renouvelle un de ces traits qui
» font d'autant plus d'honneur à la
» nation française, qu'on en ren-
» contre assez souvent de semblables
» dans les pages de son histoire mili-
» taire. Le lieutenant Ratelot, de la
» compagnie des grenadiers du deu-
» xième bataillon du deuxième régi-
» ment de la garde de Paris, n'écou-
» tant que son courage, s'élança seul
» sur le milieu du pont, et plaçant
» son chapeau sur la pointe de son
» épée, il agita dans l'air ce signal
» qui devait être celui de sa mort et
» de la victoire : en effet, ce brave
» officier tomba percé d'une balle,
» en prononçant ces paroles, *vive*

» *l'Empereur! A moi, grenadiers, la*
» *victoire est à nous.* La compagnie de
» grenadiers, revenue de sa surprise,
» se précipita sur les traces de son
» lieutenant, qui venait de périr si
» glorieusement, et fut suivie du reste
» du régiment et de la division. Les
» batteries furent enlevées, et l'en-
» nemi ne tarda pas à se mettre dans
» une déroute complète, se trouvant
» assailli en même temps sur leur
» gauche par les corps qui avaient
» passé le fleuve à Carpio, et par
» les marins de la garde qui avaient
» toujours suivi la rive droite, et qui
» arrivaient en même temps sur le
» terrain. La cavalerie française
» chargea les fuyards, qui se retirèrent
» sur Cordoue, où ils se renfermè-
» rent. Lorsque l'armée française fut
» sous les murs de la ville, le général
» demanda que les portes lui fussent

» ouvertes ; sur le refus qui lui en
» fut fait, il ordonna qu'elles fus-
» sent enfoncées à coups de canon ;
» elles ne résistèrent pas long-temps
» aux décharges multipliées de l'ar-
» tillerie. Les Français, victorieux,
» entrèrent dans la ville ; l'armée
» ennemie se retira vers la chaîne
» de la Sierra-Morena, en passant par
» le village de San-Geronimo. »

La division avait à traverser un
pays en insurrection. Cependant la
levée en masse des paysans, ordonnée
par les autorités provisoires de la contrée, n'était pas encore générale ; les
fourriers marchaient en avant pour pré-
parer les logemens. Chacun d'eux prenait un homme pour l'accompagner,
et les fourriers et leurs escortes formaient un détachement respectable.

Le lendemain de notre départ de Tolède, la division devait aller coucher à

Madridejos (1). Les fourriers partirent de Templeque (2) avant le jour. Nous marchions imprudemment, sans ordre, et les plus agiles laissaient les autres derrière. Il arriva que la division ayant reçu ordre de se porter sur Mora, le général envoya quelques dragons après eux pour nous annoncer ce changement de direction. Ces cavaliers n'atteignirent que les moins avancés ; moi et neuf autres avions fait une telle diligence qu'il leur fut impossible de nous atteindre.

---

(1) Madridejos est une petite ville très-jolie. On cultive dans ses environs la *barilla*, plante qui ne croît qu'en Espagne, et dont on fait un grand usage dans les verreries.

(2) Templeque est un riche prieuré appartenant à l'ancien ordre de Malte. Il avait été vendu lors du séjour des Français. Templeque possède l'une des plus belles salpêtrières du royaume.

Cependant nous profitions de la fraîcheur du matin, et avancions toujours dans un pays inculte, où, pour la première fois, en Espagne, je vis des marais.

A quelque distance d'un petit bois on nous tira un coup de fusil. On sentit alors qu'on s'était trop éloigné du détachement, et l'on s'arrêta sur une hauteur d'où l'on découvrait une partie de la route qu'on avait faite ; mais on n'aperçut ni les fourriers, que l'on croyait derrière soi, ni la division, que l'on supposait devoir approcher.

Du bois que nous supposions être occupé par les paysans insurgés sortit effectivement une troupe d'hommes armés qui gagna le chemin pour nous couper. Il n'y avait d'autre parti à prendre que de nous rendre à Madridejos, où la prompte arrivée des troupes françaises nous répondait de trouver les autorités locales disposées à nous protéger. Nous continuâmes donc notre route, serrés les uns contre les autres, et malgré le poids de nos armes, avançant davantage que ceux qui nous poursuivaient. Quelquefois les plus légers s'approchaient en nous saluant de quelques coups d'escopette. Nous nous arrêtâmes pourtant dans un moment où la route détournait tout-à-coup, et où le coude qu'elle faisait était ombragé d'un bouquet d'arbres. Les Espagnols s'imaginant que nous gagnions toujours pays, avançaient rapidement. Dès qu'ils furent à portée nous fîmes feu, et ils prirent la fuite, non sans laisser quelques-uns des leurs sur la place.

Une heure après, nous découvrîmes un grand village devant lequel était assemblée une multitude de gens armés. C'est alors que nous crûmes toucher à notre fin. Les paysans que nous avions depuis le matin à notre poursuite s'étaient ralliés, et reparaissaient encore, quoiqu'à une grande distance. Un sergent de grenadiers que nous avions avec nous protesta que nous étions sauvés si nous voulions faire bonne contenance. Sur son avis, nous approchâmes avec l'air de la plus parfaite sécurité, et entrâmes dans le village, où nous assurâmes l'alcade, qui se trouvait parmi la foule qui nous entourait, que la division était sur nos pas. L'Espagnol nous indiqua un chemin de traverse qui conduisait à Madridejos, et nous le prîmes avec quelque appréhension, je l'avoue, mais qui cependant nous conduisit assez promptement à Madridejos. En approchant de cette ville, un chasseur à cheval, en vedette, nous cria : « *Qui vive ?* » Que ce mot résonna agréablement à nos oreilles ! Nous répondîmes tous à la fois : France ! et nous entrâmes.

Il y avait à Madridejos un général et quelque cavalerie. La division y arriva de Mora le surlendemain. Nous continuâmes notre route par Mançanarès (1) et Valdepenas. Dans la première de ces villes, les malades que la division Dupont y avait laissés avaient été égorgés ; la nôtre y resta deux jours, et le plus grand calme y régna pendant ce temps. La cavalerie que nous avions trouvée à Madridejos n'était entrée à Valdepenas qu'après un combat fort vif soutenu par les habitans. La cavalerie française les

____

(1) Mançanarès et Valdepenas sont célèbres en Espagne par l'excellent vin que produit leur territoire. On y cultive aussi le meilleur safran de la Péninsule.

ayant chargés dans la ville, s'embar-
rassa dans les chaînes qui avaient été
à dessein tendues dans les rues et perdit quelques hommes ; les Français
ayant mis pied à terre, détruisirent
les obstacles, et mirent le feu aux
maisons par les fenêtres desquelles
l'ennemi faisait pleuvoir sur eux une
grêle de balles. Mais cette cavalerie,
de nouveau repoussée dans la Sierra-
Morena qu'elle voulait passer pour rejoindre la première division, fut obli-
gée de se replier sur Madridejos, où
elle attendait la seconde.

Quelques soldats trouvèrent à Valdepenas, dans un donjon de la prison
de la ville, où ils étaient de service,
des meubles précieux qui y avaient
été probablement cachés lors du combat à la suite duquel une partie de la
ville avait été incendiée. Un d'eux
(il se nommait Thomas-Joseph, et

était du département de la Côte-d'or, commune de l'Etang), un d'eux trouva dans l'un de ces meubles des vases sacrés dont la richesse devait les éblouir et tenter leur probité; mais après s'être consultés entr'eux, ces soldats rétablirent tout dans l'ordre où ils l'avaient trouvé, sans rien s'approprier de ce que ce lieu contenait, et ce ne fut que quelque temps après qu'ils parlèrent de l'occasion qu'ils avaient trouvée de s'enrichir. Je cite ce trait, qui prouvera mieux que tous les raisonnemens combien ont eu tort ces hommes de 1814 et de 1815 qui voulaient démontrer par leurs calomnieuses diatribes que l'armée française n'était qu'un ramas de voleurs et de bandits.

La Sierra-Morena est une chaîne de hautes montagnes qui sépare l'Andalousie de la Manche et de la Castille.

On y voit des traces d'anciens volcans. Tantôt ce ne sont que des rochers arides, tantôt des montagnes couvertes de bois. On rencontre parfois des vallons cultivés où sont situées çà et là quelques chaumières. La route que nous tenions était bordée d'un côté de rochers escarpés dont les sommets étaient généralement boisés, de l'autre de précipices sur le bord desquels avait existé un parapet qu'on avait en partie détruit à dessein.

Les Espagnols avaient établi au milieu des montagnes, et dans l'endroit où le chemin était le plus rétréci, un retranchement construit avec de fortes pièces de bois et de grosses pierres, et que défendaient quelques pièces d'artillerie. A une grande distance en avant du retranchement, ils avaient pratiqué, à l'aide des buissons et des arbres qui couvraient le haut des rochers, des espèces d'affuts dans lesquels ils s'étaient embusqués. Ceux qui occupaient ce point laissèrent passer la première brigade et la cavalerie, qui devaient être arrêtées par le retranchement; et quand la tête de la deuxième brigade de la première légion parut, ils commencèrent le feu. Attendu qu'on était prévenu que la Sierra-Morena était infestée de brigands qui égorgeaient tous les courriers français qui allaient en Andalousie ou qui en revenaient, et qui même avaient combattu et repoussé de nombreux détachemens qui se rendaient près du général Dupont, je m'étonne qu'on se soit engagé sans précaution dans ces gorges, où un petit nombre de bonnes troupes aurait pu arrêter une armée, et qu'on n'ait pas commencé par lancer les troupes légères sur les hauteurs, comme on le fit après.

(141)

Les premières décharges de l'ennemi ne laissèrent pas d'étonner nos bataillons. Je me rappelle même qu'au troisième les armes n'étaient point chargées. Bientôt l'ordre se rétablit. Nous vîmes alors les voltigeurs de la première et de la cinquième légion, et ceux du troisième régiment suisse, s'élancer sur les rochers pour en chasser les ennemis. La brigade défilait sous leur feu irrégulier, mais fort vif. Une compagnie en bataille occupait la route dans toute sa largeur, et c'est dans cet ordre que défilait la division.

En ce moment on vit un Espagnol d'une haute stature se placer sur une roche plate où il était entièrement à découvert, et provoquer les voltigeurs français qui gravissaient difficultueusement un terrain semé d'obstacles. Une balle l'atteignit, et de rocher en rocher, il vint tomber sur la route.

J'aurais peine à dire ce que j'éprouvai quand j'entendis une voix lugubre dire : *Place aux blessés* , et que le peloton qui marchait devant nous ayant ouvert ses rangs, je vis paraître leur triste cortége. Les hauteurs enlevées, les retranchemens ne tinrent pas long-temps ; l'ennemi s'enfuit à travers les montagnes et nous abandonna ses munitions. La division établit ses bivouacs à Santa-Helena , et laissa un détachement dans les gorges.

Le lendemain , la division occupa la Carolina (1), qui est une petite

____

(1) La grande plaine de la Manche, qui commence près de Templeque, à la Conception d'Almaradiel , est aujourd'hui l'une des mieux cultivées de la Péninsule. Elle doit ce bienfait de la culture aux soins philanthropique d'un ministre espagnol, qui, voulant peupler les vallées arides de la Sierra-Morena, y attira des familles allemandes et

ville dont les maisons bien bâties sont intérieurement et extérieurement tenues avec une propreté inconnue dans la vieille Castille, et blanchies fréquemment, comme il est d'usage dans l'Andalousie. La Carolina est entourée de jardins délicieux, coupés de mille ruisseaux, et qui abon-

---

hollandaises, qui ont depuis formé une colonie florissante dans une contrée et parmi des habitans dont la physionomie et les habitudes rappelaient les sauvages des déserts de l'Afrique. Grâces aux soins de ces familles industrieuses, la Sierra-Morena offre maintenant des villages bien bâtis, dont le territoire est bien cultivé, et dont les chemins de communication sont couverts par les arbres protecteurs des voyageurs. La *Carolina*, espèce de capitale de cette colonie, ressemble entièrement à une jolie ville hollandaise. La place du marché, l'Hôtel-de-Ville, l'hôtel du gouverneur, les manufactures de soie et de laine s'y font

dent en fruits de toute espèce. Elle fut fondée par une colonie d'Allemands, qui fit de ces lieux abandonnés un séjour charmant, et qui contraste d'une manière agréable avec les montagnes arides qui l'avoisinent.

Après avoir resté quelques jours dans cet endroit, la division vint pren-

---

surtout remarquer. Cette petite colonie, qui pouvait être si utile à l'Espagne en lui donnant l'exemple de ce que peut une civilisation bien entendue, commençait beaucoup à déchoir au moment de l'arrivée des Français, parce que, privée de la protection de son généreux fondateur, elle trouvait des obstacles insurmontables dans les lois espagnoles et dans les préjugés des naturels du pays. Nous ignorons si le nouveau gouvernement aura su apprécier l'influence qu'une population industrieuse pourrait avoir sur son apathique nation. Nous en doutons.

(*Note de l'Editeur.*)

dre position à Baylen, bourg assez considérable à deux journées de là. De Baylen, nous donnions la main au général Dupont, qui occupait Andujar (1), sur le Guadalquivir. L'armée espagnole, qui s'augmentait chaque jour, menaçait d'écraser notre faible corps d'armée sous le poids de ses nombreux bataillons. Une troisième division, dont je n'ai jamais bien connu la force et la composition, semblait ménager la retraite sur Madrid en conservant des postes dans les gorges.

Le 3o juin 18o8 au soir, les trou-

---

(1) On trouve près d'Andujar une espèce d'argile blanchâtre appelée *rarro*, que l'on mêle avec du sel pour en faire une poterie mince, dans laquelle l'eau se rafraîchit et conserve sa fraîcheur au milieu des plus grandes chaleur si l'on tient le vase à l'ombre et à l'air. (*Note de l'Editeur.*)

pes sous les ordres du général Cassagne, du comte Baste, commandant
la marine de la garde impériale, qui
faisaient partie de la division Dupont
et du major Molard, se portaient sur
Jaën (1), capitale de l'un des trois
royaumes qui forment la grande province d'Andalousie. Le passage du
Guadalquivir s'effectua dans la nuit
sous Manjibar, que nous traversâmes
le 1er juillet au matin. La brigade était
composée de douze cent quatre-vingt-
huit hommes, savoir : onze cent quarante d'infanterie, cent dix-huit de
cavalerie, trente d'artillerie pour le
service d'un canon et d'un obusier.

----

(1) Jaën est une ville assez considérable,
puisqu'elle compte près de vingt-huit mille
habitans. Mais elle est fort laide. Elle possède plusieurs belles fontaines d'eau lim-
pide, et plusieurs manufactures de soie et
de toiles.

Notre marche fut bien pénible ; la chaleur était excessive et pas un arbre pour se dérober momentanément aux rayons ardens du soleil, pas un ruisseau pour apaiser la soif dont nous étions tourmentés. Jaën est situé dans une plaine, mais derrière elle s'élèvent de hautes montagnes qui ne sont encore que des ramifications de la Sierra-Morena, qui s'étend même jusque vers la mer. Une de ces montagnes rocheuses au pied de laquelle la ville de Jaën est adossée, est couronnée d'une antique forteresse. Sur un vaste plateau couvert des produits de la moisson qui venait de se faire, et dans les jardins qui se trouvent près des murs de la ville, une multitude de paysans armés nous attendait. Nous manœuvrâmes quelque temps dans la plaine. La fatigue et la soif avaient tellement diminué les compagnies, qu'il y en avait où l'on ne comptait plus que quinze hommes. Un ruisseau qu'on avait découvert avait attiré le reste sur ses bords; mais les officiers n'éprouvaient pas la moindre inquiétude de cette désertion momentanée. C'est un grand avantage pour une armée que cette mutuelle confiance entre les chefs et les soldats. Les nôtres justifièrent celle qu'on avait en eux. Aux premiers coups de fusil, le ruisseau fut abandonné par ceux même qui y arrivaient, et, dans moins d'une demi-heure les bataillons furent complets. Dans une autre armée, le général eût envoyé un *schlagueur* au ruisseau; le nôtre fit tirer pour avertir les traîneurs que l'ennemi était en présence, et qu'il y allait pour eux d'être privés de l'honneur d'assister au combat.

Les deux premiers bataillons se dirigent l'arme au bras sur la ville, en

traversant le plateau. Le troisième
reste dans plaine faisant face aux jardins. L'artillerie occupe la route. Les
Espagnols, qui avaient déjà fait hors
de portée plusieurs décharges, s'enfui-
rent au premier coup de canon, et se
réfugièrent sur la montagne où est assis
le fort. Les bataillons les y suivirent.

C'est alors que les soldats du troisième firent entendre de généreux
murmures, se plaignant d'être réduits
à une honteuse inaction, et décla-
rèrent hautement qu'ils ne pouvaient
souffrirent la préférence qu'on accordait aux deux premiers bataillons,
qui, disaient-ils, dans le combat de la
Sierra-Morena, avaient encore essuyé
le premier feu. Les vieux officiers
s'amusaient beaucoup de leurs plaintes. Le capitaine Farette augmentait
à dessein notre mécontentement en
prétendant que le sort du troisième

bataillon était de regarder se battre les autres, et que d'ailleurs nous trouverions tôt ou tard l'occasion de nous signaler lorsque l'ennemi attaquerait la réserve ou l'arrière-garde. La réponse qu'on lui faisait n'était guère moins remarquable que les plaintes qui l'avaient amenée. Il en parlait bien à son aise, lui qui, couvert de blessures et comptant vingt campagnes, n'éprouvait pas le besoin de verser son sang pour la patrie et de pouvoir dire : j'étais à telle affaire, je fus blessé à telle autre.

On juge avec quel enthousiasme fut reçu l'ordre de nous jeter en tirailleurs dans les jardins. Après en avoir chassé les Espagnols, nous arrivâmes au pied de la montagne. Là, les balles tombaient perpendiculairement avec une telle force et en si grand nombre qu'elles produisaient le même effet qu'une grosse pluie et faisaient lever la poussière du chemin. Le capitaine Farette ayant été remarqué des ennemis était en butte à tous leurs coups. Mais quoique son voisinage fût dangereux, nous nous pressions tous autour de lui pour gravir la montagne, et lorsqu'il nous demandait si nous étions contens, nous répondions en riant : cela va bien, capitaine. Un jeune homme de Rouen, nommé Pottier, qui fut tué le surlendemain, nous chantait la chanson *guerrière* de Roland, que nous répétions en chœur (1). Les Espagnols tirant sur la masse que nous formions nous blessèrent plusieurs hommes. Notre bataillon n'avait dû faire qu'une fausse attaque ; les autres, qui avaient traversé la ville, parurent inopinément sur les hau-

______

(1) Où vont tous ces preux chevaliers, etc.

teurs, et les Espagnols abandonnèrent la forteresse.

Un tambour, à peine âgé de douze ans, fut tué en battant la charge à la tête du premier bataillon.

La nuit, qui approchait, laissa aux Espagnols le temps de se réfugier sur une des hauteurs plus éloignées.

Un détachement assez considérable occupa la forteresse, et *le reste* de la brigade vint s'établir sur le plateau en avant de la ville.

L'ennemi, fort de cinq mille hommes le 1er juillet, se trouva augmenté du double le 2 ; il n'y eut néanmoins que d'assez vives escarmouches entre les postes que nous avions placés sur les hauteurs et ceux des ennemis qui couvraient les montagnes voisines. Les deux partis faisaient de fréquentes irruptions dans les vallons intermédiaires. Dans

un de ces petits combats , Duneme ,
caporal aux grenadiers du troisième
bataillon , poursuivant avec quelques
hommes une troupe d'Espagnols , fut
chargé par un corps assez considérable , et forcé de rétrograder à son
tour. Il est atteint d'une balle qui
lui perce le talon, et tombe. Le peu
de grenadiers qui l'accompagnaient,
effrayés du nombre des ennemis, se
retiraient , lorsque Duneme s'écrie :
« Vous m'abandonnez , camarades !
Non , vous n'êtes pas dignes du nom
de grenadiers. » A ces mots, les soldats s'arrêtent , se rapprochent de lui
et l'enlèvent sous le feu des Espagnols.

On fusilla plusieurs paysans pris
les armes à la main. La mort d'un de
ces malheureux peut donner une idée
du caractère espagnol. Il fit d'abord,
mais sans bassesse, quelques suppli-

cations. Mais les cruelles lois de la guerre ordonnaient son trépas, et ceux qu'il implorait ne pouvaient qu'obéir aux ordres qu'ils avaient reçus. Dès qu'il vit que ses instances seraient inutiles, il s'enveloppa brusquement la tête dans son manteau et se mit à réciter des prières jusqu'à ce que le plomb l'eut frappé. Il tomba et ne jeta pas un cri, resta couvert de son vêtement, comme s'il eût voulu dérober le spectacle de sa souffrance à ses ennemis.

Les forces des Espagnols se trouvèrent portées, le 3, à quinze mille hommes, par les renforts qui leur étaient arrivés du camp de la grande armée, aux ordres du général espagnol Castanos. La forteresse fut surprise au jour. Ceux qui la gardaient n'avaient que deux partis à prendre : il fallait, ou qu'ils se rendissent à l'ennemi, ou qu'ils se précipitassent du haut d'un rocher assez élevé. Presque tous choisirent le dernier parti. Ceux qui prirent le premier moururent dans les tourmens ; à quelques-uns, les Espagnols brûlèrent les mains au feu de leur bivouac. Bientôt les paysans armés descendirent, en hurlant comme des bêtes féroces, dans la ville, que les Français abandonnèrent. La cavalerie et l'infanterie de ligne espagnoles se déployaient dans la plaine. L'ennemi, retranché dans les maisons, établi sur les toits et dans un couvent dont les nombreuses fenêtres nous faisaient face, faisait déjà sur nous un feu terrible. La cavalerie espagnole charge et nous enlève notre unique pièce de canon. Quelques hussards et dragons pénétrant jusqu'au centre du plateau, notre compagnie, qui était en réserve, fit sa décharge et les mit en désordre; un de leurs officiers, blessé à la cuisse, tomba de cheval et fut tué au même instant d'un coup de baïonnette : c'était un neveu du général Redding.

La cavalerie ennemie fut repoussée, et les voltigeurs reprirent notre pièce de canon à la baïonnette.

Nous combattions sur le terrain qu'avaient, la surveille, occupé les Espagnols; ils avaient, en fuyant, laissé sous les gerbes dont il était couvert (on était dans le temps des moissons) une grande quantité de cartouches. Le feu prit aux gerbes et bientôt aux poudres. Une explosion subite mit plusieurs compagnies en désordre et leur fit éprouver une grande perte. Ce fut alors que le courage des jeunes légionnaires fut mis à de rudes épreuves. Ils combattaient sur un sol embrasé, entourés de blessés dont les

cris déchirans devaient les émouvoir ,
et dans une position désavantageuse ,
contre des gens couverts , et dont le
nombre était au leur ce que douze est
à un. Ajoutez que le combat, commencé vers six heures du matin, ne
finit qu'à quatre ou six heures du soir
environ. Quel spectacle affreux ! Je
crois voir encore ces infortunés atteints
par les coups de l'ennemi ou blessés
lors de l'explosion, se rouler dans la
paille enflammée, s'appuyer, en jetant
de lamentables cris, sur leurs membres brisés qui ployaient sous eux, et
retomber dans cette mer de feu.

Une charge commandée par l'intrépide Baste nous tira de cette af-
freuse position. Nous forçâmes l'entrée de la ville. Déjà plusieurs grenadiers s'étaient élancés sur la route en
nous appelant à eux ; mais le feu de
l'ennemi était si vif, qu'on les avait

vus, frappés en même temps, tomber
morts sur le chemin de Jaën. Le plus
grandcarnage eut lieu vers la porte de
la ville et dans le couvent qui nous avait
été si funeste. Tandis qu'on se battait
avec tant d'acharnement du côté du
plateau, nombre de Suisses, répandus
çà et là dans les maisons, s'enivraient
sans s'inquiéter du reste. Ils furent
surpris par l'attaque faite par Baste,
et ne purent résister à ce que les Ita-
liens appelaient, dans le quinzième
siècle, *la furia francese;* ils furent
presque tous égorgés par des hommes
qu'exaspéraient les dangers qu'ils
avaient courus et les pertes qu'ils
avaient faites. Je me trouvai, dans
cette confusion horrible, d'abord entraîné dans une de ces maisons où
les Wallons payaient si cher leur in-
discipline imprudente. Je me hâtai
d'en sortir; mais j'avais perdu les tra-

ces de ma compagnie; je me mis dans les rangs de deux compagnies de grenadiers et de voltigeurs qui se portaient en silence à l'autre extrémité de la ville, pour éclairer la retraite de l'ennemi. Arrivés sur la place de la cathédrale, nous vîmes s'ouvrir les portes d'un hôtel de grande apparence. Il en sortit un homme bien vêtu que suivaient plusieurs domestiques portant des rafraîchissemens, et qui vint à nous. Il était, nous dit-il, allié de plusieurs négocians français établis à Jaën et dont notre victoire allait sauver la vie, les Espagnols les ayant jetés dans les cachots lors de leur rentrée dans la ville le 2 juillet. Les compagnies s'arrêtèrent peu et poursuivirent leur chemin jusqu'aux extrémités de Jaën. Embusqués dans les maisons, aux ouvertures des rues, nous pûmes voir la route des mon-

tagnes couverte de soldats, d'habitans, de femmes et d'enfans, fuyant
pêle-mêle, chargés de ce qu'ils avaient
de plus précieux. Une scène plus
attendrissante encore allait fixer notre
attention.

Un Espagnol sort d'une maison
située dans la campagne, à cent pas
de nous; il conduisait un mulet chargé
sur lequel il essayait de placer une
femme, quand un coup de fusil le
renversa. Sa compagne se jette sur
lui en remplissant l'air de ses cris.
Quelques grenadiers courent à elle et
l'entourent. Elle était d'une beauté
remarquable et qui eût pu lui devenir
funeste, si un lieutenant de voltigeurs nommé Tarillon ne l'eût puissamment protégée. Cet officier fit
remonter la belle Espagnole sur son
coursier et lui fit prendre la route,
que couvrait dans l'éloignement une

foule de ses compatriotes. Je ne vis jamais de figure aussi belle, quoique altérée par les sentimens divers qui devaient l'agiter, que celle de cette jeune fille. Ses yeux, qui peignaien l'horreur et l'effroi dont elle était saisie, ne pouvaient se détacher du corps du malheureux qu'elle appelait son frère (*hermano mio*) ; elle semblait ne pouvoir se résoudre à s'en éloigner. Un coup donné au mulet lui fit prendre au grand trot le chemin des montagnes.

Je quittai à ce moment le corps des tirailleurs, et m'en revint seul par la ville pour rejoindre ma compagnie. Le couvent dont j'ai parlé plus haut était en feu, ainsi qu'un grand nombre d'édifices des autres quartiers. On entendait dans toutes les directions les cris aigus du désespoir mêlés aux détonations sourdes des armes à feu dans les maisons, et au bruit discordant des portes que l'on enfonçait.

Quel horrible et déchirant spectacle que celui d'une ville en proie à toutes les horreurs du pillage. J'étais témoin pour la première fois de cet aspect épouvantable, et je ne pus m'empêcher de maudire la guerre et les hommes impies qui ordonnaient de sang-froid les excès affreux dont elle est la suite. Pressé par une soif qui me dévorait, j'entrai dans un couvent dont les portes étaient brisées, et dans la cour duquel j'aperçus un puits. Le bruit infernal que j'entendais dans les corps du logis m'ayant engagé à m'y présenter pour en connaître la cause, je vis dans une grande salle une trentaine de soldats suisses, tous plongés dans la plus complète ivresse, et qui tourmentaient dix ou douze religieuses plus mortes que vives.

Je prévins ces messieurs que, suivant toutes les apparences, on allait
quitter Jaën, et les engageai à sortir du
couvent. Mais voyant qu'ils ne paraissaient pas disposés à prendre sitôt congé
des pauvres filles, leurs victimes, je
quittai seul cette scène de débauche et
d'abus de la force.

En descendant les sombres escaliers
du couvent, je fus arrêté par une religieuse qui avait apparemment trouvé
moyen d'échapper à la brutalité des soldats d'en haut, et qui, en fuyant, vint
maladroitement se jeter dans mes bras
au détour d'un long corridor. Elle n'eut
pas plutôt aperçu mon costume militaire qu'elle se précipita à mes pieds.
Elle était assez bien, quoiqu'un peu
âgée (messieurs les Suisses n'y auraient
sans doute pas regardé de si près),
mais si pâle, si effrayée, que je me fis
un devoir de ne pas ajouter à sa peine.

Je me hâtai de me rendre au camp, où m'appelait un triste et bien cher devoir. J'avais pour ami intime un jeune homme de Rouen, nommé Pottier, dont j'ai déjà parlé. Sa gaîté inaltérable l'avait fait aimer de tout le régiment.

Blessé à mort au commencement de l'action, le 3 juillet, il était resté sur le champ de bataille. Je l'avais bien vu tomber, puisqu'il était de trois files avant moi ; mais je n'avais pu quitter mon rang pour le secourir ; entraîné à l'autre bout de la ville, il m'avait été impossible de savoir ce qu'il était devenu. Je le cherchai long-temps, et le trouvai enfin parmi les blessés qui étaient morts pendant l'explosion des cartouches espagnoles. Je ne le reconnus qu'à son schakos, dont la mentonnière était nouée. Il ne formait plus qu'une masse informe et dégoûtante que j'eus le courage de transporter et d'enterrer dans un fossé.

Le général Cassagne, averti que les Espagnols, beaucoup plus nombreux, se rassemblaient, on sonna la retraite.

Le général ordonna la retraite ; la légion se rassembla sur le plateau ensanglanté. Il faisait nuit. Les soldats sous les armes, épuisés de fatigue, gardaient un profond silence. Des familles françaises que la rage des Espagnols forçait d'abandonner leurs propriétés pour sauver leur vie, passaient au milieu de nous ; les femmes fondaient en pleurs ; les flammes qui s'élevaient de divers quartiers de la ville, éclairaient cette scène, la plus imposante que j'aie jamais vue. Mon cœur fut encore plus ému quand un vieillard du nombre de ces malheureux qui se réfugiaient dans nos rangs, éleva la voix pour appeler sur nos armes la bénédiction du ciel. Nous commençâmes à retraiter vers dix heures du soir.

Les dragons cédèrent leurs chevaux à ceux des blessés que l'on put emmener. Le reste fut abandonné. Nous n'avions en notre pouvoir nulle moyen de transport.

On évalua la perte de la légion, en tués et blessés, à trois cents hommes. Notre seule compagnie, forte de soixante hommes avant l'affaire, éprouva une perte de vingt-trois hommes. Au nombre des blessés était le chef de bataillon Meresse.

Dans la journée du 4, les blessés, particulièrement ceux qui avaient été brûlés lors de l'explosion, et qui étaient dans un état effroyable, souffrirent beaucoup de la chaleur, et la plupart moururent en chemin.

Comme nous approchions de Manjibar, on vit sortir des blés un soldat
que l'on avait perdu de vue depuis le
passage du Guadalquivir. Lui et quelques autres légionnaires, que la fatigue avait retardés, furent attaqués,
sur la route de Manjibar à Jaën, par
une bande de paysans dont une partie
était à cheval. Les légionnaires se jetèrent dans les blés où ils furent poursuivis et atteints, excepté celui que
nous avions rencontré près de Manjibar. Les barbares ne s'étaient pas
contentés d'égorger leurs prisonniers,
ils les avaient dechirés en jetant d'hor-
ribles cris. Le soldat qu'ils n'avaient
pas découvert et qui s'était tenu couché pendant le massacre, se dirigea
pendant la nuit du côté de la route;
mais il s'égara. Le jour, qui ramenait
avec lui la crainte d'être aperçu par

les Espagnols, le força de se cacher encore. La faim, la soif, l'inquiétude, contribuèrent à lui rendre cette journée bien pénible. Dans la nuit du 2 au 3 juillet il se rapprocha du grand chemin, et aux premiers rayons du soleil, il découvrit la brigade. Les vives démonstrations de sa joie prouvaient assez l'imminence du danger qu'il avait couru.

Les brigands qui avaient si cruellement égorgé les Français étaient évidemment des habitans de Mánjibar. Nous traversâmes ce bourg (hommes, femmes, enfans, étaient sur les portes pour nous voir passer), et nous n'en troublâmes point la tranquillité.

Les troupes restées au camp de Baylen accoururent au-devant de nous et nous reçurent avec acclamations. Tous les braves s'empressaient

de célébrer le courage intrépide que
la légion avait déployé dans le dernier
combat. Bientôt les deux troupes se
mêlèrent afin de s'informer des parens, des amis qui avaient pris part
à l'action. Trop souvent on entendait
cette réponse : *Il est mort !* et la tristesse succédait à la joie qu'on avait
d'abord eue de se trouver réunis.

On dressa des états de ceux qui
s'étaient distingués pour récompen-
ser leur valeur. Quoiqu'assurément
je ne me fusse pas signalé plus qu'un
autre, je fus marqué par mon capitaine,
ainsi que le sergent Trubert, pour
avoir la croix d'honneur. Il est vrai
que nous avions tous deux, dans la
journée du 5, commandé la compagnie, qui se trouvait sans chefs, et
qu'elle avait fait son devoir comme
les autres.

Mon capitaine, qui possédait un

cheval, avait fait, dans cette sanglante journée, les foncions d'aide-de-camp. Mon lieutenant était absent, parce qu'il était resté malade d'amour à Madrid. Son histoire mérite peut-être d'être rapportée ; elle égayera le lugubre récit des scènes épouvantables dont mon séjour en Espagne m'a rendu témoin.

Cependant, pour ne point déchirer le voile qui couvre encore son aventure, assez plaisante, ainsi qu'on va le voir, je tairai le véritable nom de mon lieutenant, et je lui donnerai celui de Dorval. Lorsque nous étions en garnison à Lille, Dorval avait une maîtresse qu'il adorait, et qui le méritait, parce qu'elle était fort jolie et fort aimable : aussi ne s'était-il séparé de sa conquête qu'avec les plus vifs regrets.

Comme il était lui-même un fort

bel homme, jeune, spirituel, et pos-
sédant tout ce qu'il faut pour plaire,
il s'était mis maladroitement en tête
qu'elle ne l'oublierait pas. Dans un
déjeûner d'officiers qui précéda le
départ de Lille, Dorval s'avisa de
répondre de la fidélité de sa belle,
dont peut-être il avait reçu des sermens qu'il avait eu la bonté de prendre au pied de la lettre, ignorant le
grand adage qu'en amour les absens
ont toujours tort. Ses camarades ri-
rent beaucoup de sa bonne foi antique.

Un adjudant-major qui restait à
Lille, joli homme et fieffé mauvais
sujet, lui fit la gageure de le sup-
planter avant qu'il fût à Bayonne.
L'imprudent accepta le défi, et quelques officiers qui restaient également
en Flandre devaient être les témoins
de ce qui se passerait entre le mauvais sujet et la femme constante.

On part ; une correspondance s'engage entre les témoins et Dorval,
qui avait donné sa parole d'honneur
de ne pas prévenir sa belle du com-
plot formé contre elle. A Tours, il ap-
prend que l'adjudant-major a déjà
surmonté les premières difficultés, et
s'est procuré l'entrée du logis pour
commencer sa cour. A Bordeaux, on
lui écrit que l'infidèle court les spec-
tacles et les bals avec son nouvel
amant ; enfin, à Bayonne, Dorval reçoit, sous enveloppe, un billet bien
tendre, écrit de la main de la perfi-
de, adressé à l'adjudant-major victorieux, et d'après lequel il ne pouvait plus rester aucun doute sur la
perte de la gageure. Les officiers témoins attestaient, de plus, que le
vainqueur avait, suivant son usage,
affiché sa conquête dans toute la ville
de Lille,

M. Dorval eut la faiblesse de prendre cet accident très-simple et si ordinaire tellement à cœur, qu'à Madrid, après avoir langui long-temps, il
tomba sérieusement malade. Au reste,
à quelque chose malheur est bon. Là
Dorval eût été des nôtres, et nous eût
suivi à Jaën; il eût partagé notre mauvaise fortune; au lieu que, guéri enfin de sa manie d'être aimé constamment, il passa capitaine dans un autre
régiment, et ne tarda pas à s'élever
aux premiers honneurs militaires.

Revenons aux absences qui avaient
laissé au sergent-major Trubert et
à moi le commandement de la compagnie. Je ne sais pas trop ce qu'était
devenu le sous-lieutenant; il ne parut
pas au fort du combat. Le premier
sergent faisait les fonctions de tam-
bour-major; le second fut blessé au
commencement de l'action et mou-

rut de sa blessure ; le troisième était malade, et le quatrième en détachement. Mais comme nous fûmes faits prisonniers peu après, la bonne volonté du capitaine Farette nous devint inutile. Je ne portai jamais cette étoile de l'honneur, noble récompense des braves, que j'avais pourtant toujours tant ambitionnée, et pour laquelle j'aurais, au besoin, affronté mille morts.

Le capitaine Farette logeait en ville ; comme fourrier, j'allais tous les jours lui porter la situation de la compagnie, et j'étais assez bien accueilli des personnes chez lesquelles il demeurait. Une jeune femme, dont l'époux avait été tué dans les gorges de la Sierra-Morena, lors du combat que nous y avions livré, témoignait seule une aversion décidée pour le capitaine et pour moi. Un jour que

j'avais dîné avec lui et la famille espagnole, il me demanda un papier, et
je tirai mon porte-feuille pour le lui
donner. Le porte-feuille m'échappa
des mains, et les papiers qui s'y
trouvaient voltigèrent par la chambre.
Un reliquaire, ou petit carré de soie
brodé, tel que les Espagnols en portent, par dévotion, suspendus au
cou, et qui se trouvait avec mes papiers, tomba également. Chacun se
baissa pour m'aider à réparer ma ma-
ladresse. Un des Espagnols ramassa le
reliquaire, le montra à la jeune veuve
en jetant un cri de surprise ; et tous,
elle surtout, commencèrent un concert de plaintes, d'exclamations, auxquelles je ne comprenais rien. Voici
le fait : dans la Sierra-Morena, je
vis un Espagnol tué dans le combat
qui portait au cou quelque chose de
brillant que je détachai : c'était le re-

liquaire, et, par un hasard singulier, le Castillan qui jadis l'avait porté, était l'époux de la jeune femme qui habitait sous le même toit que le capitaine Farrette, et à laquelle je rendis volontiers la dépouille du brave mort en défendant son pays.

Le 17 juillet, la division prit la route de Jaën; mais elle se contenta d'envoyer un bataillon vers Manjibar, sur le Guadalquivir, et elle prit celle d'Andujar, où était postée la première division; non, la grande route, mais des chemins de traverses, couverts de bruyères, et dont l'inégalité arrêta la marche de l'artillerie et des bagages. La division prit les devants, et notre bataillon resta pour les protéger. Quelle nuit nous passâmes! à chaque instant, une voiture ou un canon versait dans les ravins, s'engagageait dans les buissons. On faisait halte;

ceux qui ne dégageaient pas les équipages arrêtés tombaient à terre plus
qu'ils ne s'y couchaient, et s'endor-
maient de suite; mais aussitôt il fallait repartir. Au point du jour, les
tirailleurs ennemis nous approchèrent
assez pour nous tenir éveillés. Enfin
nous atteignîmes la grande route.
Notre compagnie, dispersée sur les
flancs du bataillon, assurait sa
marche contre toute surprise. Je me
jetai au milieu d'un poste de Wallons
que me dérobait une chaumière; déjà
je me mettais en défense, quand l'un
d'eux me cria qu'ils étaient Français
depuis quelques jours.

Les gardes wallonnes ou suisses
étaient tantôt dans le camp des Espagnols, tantôt dans le nôtre, selon nos
bons ou mauvais succès, et souvent
partie dans l'un et partie dans l'autre.
Nous avions eu à combattre nombre

de ces étrangers à Jaën, et maintenant
nous en trouvions dans les rangs de
la division Dupont. Rien de si dangereux que ces soldats mercenaires
qui portent toujours à ceux qu'ils
servent dans un moment les connais-
sances qu'ils ont acquises sur les
moyens défensifs de ceux qu'ils ser-
vaient dans un autre (1). Il est juste

---

(1) Ces faits positifs et cette observation
de l'auteur ne militent-ils pas en faveur des
réclamations de tous les vrais Français sur
l'admission des étrangers au nombre des dé-
fenseurs de la patrie ? Quand donc verrons-
nous enfin les principes utiles adoptés par
ceux que le hasard ou la volonté du prince
ont mis à la tête de nos affaires ?

Quand verrons-nous les Suisses ren-
voyés dans leurs montagnes qu'ils n'ont
point su défendre, et remplacés par des soldats citoyens? L'histoire ancienne est d'accord avec les modernes sur le danger de se
reposer sur de vils mercenaires pour la dé-

de dire que les Suisses du troisième
régiment, attachés à notre division,

---

fense de l'Etat. Rome périt pour avoir
confié à des troupes étrangères soldées le
soin de garder ses immenses frontières ; et
pour citer un exemple récent entre mille,
Napoléon lui-même n'est tombé du trône
où l'avait placé la victoire que lorsque dans
les rangs des guerriers français il commit
la faute d'admettre des soldats étrangers.
Pense-t-on en effet qu'il eût perdu la funeste bataille de Léipsick en 1813, si le
corps des Saxons qui combattaient avec
nous ne se fût pas tourné contre nous ? Ce
seul exemple eût dû corriger à jamais les
princes de la manie de payer à grands frais
des soldats étrangers. Mais l'expérience cor-
rige-t-elle jamais les souverains lorsqu'ils
croient qu'il s'agit de l'intérêt de leur autorité ? Il faudra encore adresser bien des
réclamations vers le trône avant que les
ministres se persuadent qu'il est de leur devoir de Français de nous débarrasser des
Suisses.   (*Note de l'Editeur.*)

ne passèrent sous les drapeaux ennemis qu'après la funeste journée de
Baylen. Les officiers même partagè-
rent les malheurs de notre longue captivité (1).

---

(1) M. le chef de bataille Carel, dans
son Précis des guerres d'Espagne de 1808
à 1814, dans lequel il réfute, par l'exposé
des faits, la calomnie d'un homme que
l'opinion publique avait flétri avant que la
main du bourreau ne le menaçât, paraît mal
instruit sur l'état des légions dites de l'*intérieur*. Elles étaient, aux capotes près,
parfaitement équippées, en passant en Espagne. A ma connaissance, la première et
la cinquième en étaient pourvues avant l'ou-
verture de la campagne. Ces légions avaient
trois mois d'exercice. Il est vrai que les capi-
taines, lieutenans et les sous-officiers, sortis
de vieux corps, étaient presque tous suscep-
tibles de réforme, et que les sous-lieutenans
sortaient des écoles. Mais on avait vu des
réquisitionnaires et des conscrits, encore en

Quel mélange de beautés et d'horreurs étonnait les yeux dans cette
contrée! D'un côté, les bords du Guadalquivir couverts de riches moissons
et bordés de jardins délicieux; un

---

blouse et en sabots, affronter les vieilles
bandes de l'ennemi ; et si la jeunesse française versée dans les légions ne prétendait pas au titre de soldat, elle en avait
l'esprit et l'enthousiasme. Je n'ai pas ouï
dire qu'à Arcoléa, Cordoue, à Madrid,
dans la Sierra - Morena, à Jaën, Manjibar et Baylen, les première, quatrième
et cinquième légions, et les régimens provisoires, composés également de conscrits,
aient reculé devant l'ennemi. Ce n'est pas
la manière dont ces corps exécutèrent
les ordres des généraux, mais bien les
ordres des généraux divisés entr'eux, qui
amenèrent l'échec de Baylen. Enfin, le petit
nombre de soldats de l'armée de Dupont
qui a revu la France peut, sans rougir,
parler de cette bataille. L'ennemi y était

climat qui semble inviter l'homme au repos et au plaisir; de l'autre, des milliers de combattans séparés par le fleuve et tout prêts à s'égorger; des cadavres gisant çà et là dans ces mêmes jardins entièrement dévastés; par-tout des témoignages de la bonté du ciel et de la cruauté des hommes.

---

supérieur en nombre. Ses paysans armés, plus redoutables sans doute devant de jeunes soldats qui n'avaient point vu ou peu vu le feu, y étaient nombreux. L'armée de Castagnos avait des troupes de ligne seules capables de nous arrêter. J'ai vu à dix pas devant ma baïonnette des dragons et des hussards, vieux cavaliers. Le corps des carabiniers du roi, que je vis à Ocâna avant les hostilités, était supérieur à tout ce que nous avions de cavalerie, par la bonté des chevaux et les vieux soldats qui le composaient. Assurément, les jeunes

La division Vedel arriva au camp de la division Dupont, n'y resta que deux heures, et reprit le chemin de Baylen.

Le bataillon laissé le 17 en face de Manjibar fut assailli, le 18, par une forte colonne qui le rejeta sur Baylen, où il fut soutenu par la troisième division. Ce fut là que le général Gobert fut tué en chargeant à la tête des

militaires qui, à Jaën, restèrent plusieurs heures à découvert, sans quitter leurs rangs, sous le feu des Espagnols embusqués dans les jardins et les maisons, qui éprouvèrent, sans reculer, une perte dans la proportion d'un sur trois, ne méritaient pas qu'on dît d'eux : « Qu'ils n'avaient de soldats que le nom ». Injure d'autant plus sensible qu'elle ne part pas d'un de ces hommes qui font métier de dénigrer leurs concitoyens, mais d'un officier qui ne prit la plume que pour les honorer.

cuirassiers. Les Espagnols se retirèrent.

Les deuxième et troisième divisions
se rendirent de Baylen à la Carolina ;
et, à la suite de ce mouvement, l'armée ennemie vint occuper ce premier
endroit. Alors la division Vedel revint
sur Baylen, sur lequel la division Dupont avait également marché. Les
Espagnols se trouvaient donc pris
entr'elles. Vedel s'arrêta à Guarazuan,
à peu de distance du champ de bataille ; car Dupont avait attaqué. On
entendait distinctement le bruit de
l'artillerie. On s'attendait à une affaire
générale, on la désirait même, mais
nous n'avançâmes pas (1). La première

____

(1) Pourquoi l'ordre d'avancer n'était-il
pas donné ? Pourquoi le général Dupont se
laissait-il écraser quand la division Vedel
toute entière eût pu le secourir ? Ces ques-

division était écrasée par une armée
dix fois, plus nombreuse, qui ne manquait ni de généraux , ni de cavalerie,
ni d'infanterie de ligne, ni d'artillerie ; les soldats de la deuxième de-
mandaient à marcher à son secours ;
officiers et soldats murmuraient contre
une inaction inconcevable, et nous
n'avancions pas ! Dupont et ses troupes soutinrent long-temps les efforts
de l'ennemi ; les marins de la garde
impériale firent des prodiges de valeur;
le premier et le douzième régiment de
la garde de Paris soutinrent la répu-

---

tions seront sans doute résolues un jour.
On verra plus bas qu'elles étaient si sim-
ples que le soldat lui-même les faisait et
ne pouvait les résoudre qu'en supposant
que le général Vedel trahissait. Tout ce qui
s'est passé depuis a prouvé que la trahison
ne venait pas de lui.

(Note de l'Editeur.)

tation de bravoure qu'ils s'étaient ac-
quise dans l'armée d'Espagne ; mais il
fallut enfin céder au nombre, et le
général Dupont, blessé, fit une ho-
norable capitulation.

Les jugemens de la multitude sont
quelquefois injustes et téméraires. Je
ne rapporterai donc celui de l'armée
sur ce fatal événement que comme
une conjecture que rien, je crois,
n'a vérifié. On prétendit que le général Vedel nous avait trahi (de pareilles accusations ont souvent été
faites dans de semblables circonstances) ; on ajoutait que le général Dupont eût enlevé Baylen s'il eût fait
charger à-la-fois tous les corps de
l'armée, au lieu de les envoyer aux
ennemis l'un après l'autre ; on parlait de fourgons chargés d'or dont la
garde avait employé trop de monde ;
on ajoutait, enfin, que ces deux gé-

néraux de même grade ne se voulaient pas de bien, et que le désastre de
Baylen était le fruit de leur mésintel-
ligence.

Ainsi la deuxième division avait été
à-peu-près spectatrice de la défaite de
la première. La canonnade était cessée
quand Vedel nous fit marcher sur
Baylen. Ce fut avec des cris de joie
que nos bataillons se déployèrent dans
la plaine. Il y eut plusieurs engage-
mens que firent cesser des parlemen-
taires ennemis qui arrivèrent près du
général en agitant des mouchoirs
blancs attachés à des branches d'oli-
vier. On apprit que la division Dupont avait mis bas les armes. Nous
gardâmes nos positions la nuit et le
jour suivant; nous nous retirâmes
ensuite dans la Sierra Morena, où
l'on se trouva fort embarrassé pour
les vivres. A peine trouvait-on dans

ces montagnes, dévastées par leurs propres habitans, un peu de farine et d'huile. Chaque soldat, pressé par la faim, se répandait dans ces déserts pour aller à la découverte, et souvent rencontrer la mort au lieu de la vie qu'il cherchait.

J'étais moi-même parti avec deux hommes de la compagnie armés de leurs baïonnettes, et moi de mon sabre. Notre espoir était de trouver quelques-uns de ces terrains habités et cultivés que j'ai déjà dit se trouver parfois dans ces rochers. Cet espoir ne fut pas entièrement déçu. En effet, après avoir cherché long-temps inutilement, nous découvrîmes, dans une étroite vallée entourée de rocs arides, une de ces espèces d'oasis qui charment le voyageur au sein de la Sierra-Morena. C'était une chaumière assez jolie, pourvue d'un jardin arrosé de plusieurs ruisseaux, et qui paraissait bien cultivé.

Nous y descendîmes. Mais, quoique cet asile fût éloigné du camp, nous fûmes promptement convaincus qu'il avait été visité avant nous. La maison était abandonnée; le désordre qui y régnait, ainsi que dans le jardin, prouvait que l'un et l'autre avaient été pillés. Aussi d'abord nous n'y trouvâmes rien qui pût nous convenir.

Cependant, en continuant nos recherches chacun de notre côté, je trouvai, moi, un sac de toile semblable aux nôtres (chaque soldat en campagne a un sac dans lequel il couche et qui lui sert aussi à porter les vivres) ; il était rempli de fruits et de pommes de terre. J'appelais déjà nos compagnons pour leur montrer ma découverte, quand l'un d'eux fit un cri qui nous fit courir à lui. Il

nous montra, le long d'une haie, le ca-
davre d'un soldat français qu'il venait
d'apercevoir. Nous l'examinâmes , et
fûmes convaincus qu'il n'y avait pas
deux heures qu'il était mort. Cette
découverte ne nous donna plus envie
d'en faire d'autres, et, munis de notre
sac, qui était sans doute celui du soldat mort, nous nous hâtâmes de re-
gagner le camp.

Un courrier espagnol y était arrivé.
Le général Dupont avait capitulé pour
le corps d'armée en entier. Les ennemis menaçaient de passer au fil de l'épée
la première division si les deux autres
ne se rendaient pas. Cette nouvelle
jeta dans le camp un désordre extrême. Des bandes entières le quit-
taient pour prendre la route de
Madrid. Les chefs, aussi accablés que
les soldats dans une telle conjoncture ,
mais respectant l'autorité des géné-

raux, parvinrent à les retenir en leur représentant qu'en se retirant ils vouaient à la mort leurs frères d'armes déjà prisonniers, et en leur donnant l'espoir d'un prompt retour en France, retour que semblait promettre la capitulation ainsi conçue :

CAPITULATION.

Leurs excellences MM. les comtes de Tilly et de Castagnos, généraux en chefs de l'armée d'Andalousie, voulant donner une preuve de leur haute estime à son excellence M. le comte Dupont, grand-aigle de la Légion d'honneur, commandant le deuxième corps d'armée d'observation de la Gironde, ainsi qu'à l'armée sous ses ordres, pour leur belle et glorieuse défense contre un ennemi infiniment supérieur en nombre et

qui les enveloppait de toutes parts;
M. le général Chabert, commandant
de la Légion d'honneur; et M. Mares-
co, général du génie, grand-aigle de la
Légion d'honneur, chargés des pleins-
pouvoirs de son excellence M. le
général et chef de l'armée française,
sont convenus des articles suivans.

ARTICLE Ier.

Les troupes sous les ordres de son
excellence M. le général Dupont sont
prisonnières de guerre, la division
Vedel exceptée.

ARTICLE II.

La division Vedel et autres troupes
n'étant pas comprises dans l'article
premier, évacueront l'Andalousie.

ARTICLE III.

Les troupes comprises dans l'article deuxième conserveront généralement tous leurs bagages ; et, pour
éviter tout sujet de trouble pendant la marche , elles remettront leur
artillerie, trains et autres armes à
l'armée espagnole , qui s'engage à les
leur remettre au moment de l'em-
barquement.

ARTICLE IV.

Les troupes comprises dans l'article premier sortiront de leur camp
avec tous les honneurs de la guerre ,
chaque bataillon ayant deux canons
en tête , les soldats armés de leurs
fusils , qui seront déposés à quatre
cents toises du camp.

I.   17

ARTICLE V.

Les troupes du général Vedel et autres ne devant pas poser les armes, les placeront en faisceaux sur le front de bandière, et y laisseront leur artillerie et train. Il en sera dressé un état par des officiers des deux armées, et le tout sera remis, ainsi qu'il est dit, article troisième.

ARTICLE VI.

Toutes les troupes françaises en Andalousie se rendront à San-Lucar et Rota, par journées d'étape, qui ne pourront excéder quatre lieues de poste, avec les séjours nécessaires, pour être embarquées sur des vaisseaux de transport espagnols, et conduites au port de Rochefort, en France.

ARTICLE VII.

MM. les officiers supérieurs y ayant droit garderont leurs armes et les soldats leurs sacs.

ARTICLE. VIII.

Les troupes françaises seront embarquées aussitôt leur arrivée, et l'armée espagnole assurera leur traversée contre toute expédition hostile.

ARTICLE IX.

Les logemens, vivres, fourrages, pendant la marche et traversée, seront fournis à MM. les officiers supérieurs et autres y ayant droit, ainsi qu'à la troupe, dans la proportion de leurs grades, et sur le pied des troupes espagnoles en temps de guerre.

ARTICLE X.

Les chevaux de MM. les généraux , officiers supérieurs et d'état-major seront transportés en France et nourris sur le pied de guerre.

ARTICLE XI.

MM. les officiers généraux et supérieurs conserveront chacun une voiture et un fourgon ; MM. les officiers d'état-major une voiture , sans être soumis à aucun examen.

ARTICLE XII.

Seront exceptées de l'article précédent les voitures prises en Andalousie, dont l'examen sera fait par M. le général Chabert.

ARTICLE XIII.

Pour éviter la difficulté d'embarquer les chevaux d'artillerie et de cavalerie compris dans l'article deuxième, lesdits chevaux seront laissés en Espagne, vendus d'après l'estimation des deux commissaires français et espagnol, et acquittés par ce dernier.

ARTICLE XIV.

Les blessés et malades de l'armée française laissés dans les hôpitaux seront traités avec le plus grand soin, et transportés en France sous bonne et sûre escorte sitôt leur guérison.

ARTICLE XV.

Comme dans plusieurs endroits, notamment à l'assaut de Cordoue,

plusieurs soldats, malgré les ordres
de MM. les officiers généraux, se
sont portés à des excès qui sont une
suite ordinaire des villes prises d'assaut, MM. les officiers généraux pren-
dront les mesures nécessaires pour
découvrir les vases sacrés qui pourraient avoir été enlevés, et les rendront s'ils existent.

ARTICLE XVI.

Tous les employés civils attachés à
l'armée française ne sont pas consi-
dérés comme prisonniers de guerre,
et jouiront, pendant leur voyage et
transport, des avantages attachés aux
postes qu'ils occupent.

ARTICLE XVII.

Les troupes françaises commence-
ront à évacuer l'Andalousie le 23

juillet au matin. Pour éviter la grande chaleur, la marche s'effectuera la nuit, conformément aux journées d'étape qui seront réglées par MM. les chefs d'état-major français et espagnols, en évitant le passage dans les villes de Cordoue et de Séville.

ARTICLE XVIII.

Les troupes françaises, pendant leur marche, seront escortées par des troupes de ligne espagnoles, à raison de trois cents hommes par colonne de trois mille hommes ; et MM. les officiers généraux seront escortés par des détachemens de cavalerie.

ARTICLE XIX.

Les troupes, dans leur marche, seront toujours précédées par des commissaires français et espagnols qui réclameront le logement et les vivres nécessaires qui devront leur être fournis.

ARTICLE XX.

La présente capitulation sera portée de suite à son excellence M. le duc de Rodrigo , commandant en chef les armées françaises en Espagne , par un officier français escorté de troupes espagnoles.

ARTICLE XXI et dernier.

Il est convenu par les deux armées qu'il sera ajouté , comme article additionnel à la présente capitulation , ce qui pourrait avoir été omis, et pourrait augmenter le bien-être des troupes françaises en Espagne.

Ont signé : XAVIER, comte de Castagnos, général en chef de l'armée d'Andalousie ; et le général en chef Dupont, comte d'empire, grand-aigle de la Légion-d'Honneur; et le général Vedel, comte d'empire, commandant la deuxième division du deuxième corps d'armée (1).

(1) Cette capitulation du corps d'armée tout entier du général Dupont a été envisagée bien différemment, suivant l'intérêt des hommes qui ont pu la discuter. Les uns ont accusé le général Dupont, les autres l'ont justifié. Nous avions d'abord eu dessein d'éclaircir cette importante question ; mais pour le faire d'une manière impartiale, l'histoire n'a pas encore assez de matériaux, et il serait peut-être téméraire d'entreprendre de jeter quelques lumières sur les tristes événemens de Baylen. Nous avons donc mieux aimé laisser parler notre auteur, sans chercher à relever par des notes les inexactitudes qui peuvent se rencontrer dans son récit. Un soldat ne pouvait écrire

que ses souvenirs, et d'ailleurs il lui ré-
pugne toujours de trouver coupable son
général. Espérons que l'importante question
de Baylen ne restera pas long-temps indé-
cise. Les auteurs du grand ouvrage des
Victoires et Conquêtes traiteront bientôt
de la guerre d'Espagne, et sans doute nous
saurons par eux la vérité, ou nous ne la
saurons jamais.

Au reste, la défaite de Baylen eut les
résultats les plus funestes pour la suite de
l'expédition. Madrid restant désormais à découvert, le nouveau roi Joseph, frère de
l'empereur Napoléon, fut obligé de s'en
éloigner douze jours après qu'il eut fait sa
première entrée dans sa capitale. C'est de
la capitulation du corps d'armée du général
Dupont qu'on peut dater l'indépendance de
l'Espagne. Elle eut sur la résistance de ce
pays une influence bien plus décisive encore
que la défense de Sarragosse. Si nous eus-
sions été vainqueurs (et nous pouvions l'être
sans l'abandon de Baylen, qui rendit inutiles plus de six mille hommes), les portes

de Cadix ne se seraient pas probablement fermées avec l'opiniâtreté qui a fait de cette ville le boulevard de l'indépendance espagnole.

(*Note de l'Editeur.*)

FIN DU PREMIER VOLUME.

EX de la carte des royaumes de JAEN et de CORDOUE, pour expliquer les principales opérations
mouvemens du corps d'armée aux ordres du général Dupont, en 1808, dans cette partie de
Espagne.

Position des armées le 7 juin devant Cordoue.

Armée française.

Garde de Paris, 2 bataillons. — M. le général comte Dupont.
Bataillon des marins de la garde. — M. Estèves, major.
4e légion de réserve. — M. Daugier, colonel.
3e id. id. — M. Teuley, major,
1e régiment suisse et Suisses-Espagnols. — M. Delaine, id.
1er régiment prov. de cavalerie (dragons.) — M. N.
Cuirassiers.

Armée ennemie.

Régiment d'infanterie de ligne espagnol.
— id. — de cavalerie.
Paysans insurgés.

B. Position devant JAEN, le 3 juillet.

Troupes françaises.

1re légion de réserve····························1,140 ⎫ hommes.
9e de dragons (un escadron)···············118 ⎬ 1288. — M. le général baron Cassagne, commandant.
Artillerie, un canon de 6 et un obusier, artilleurs et ⎨ M. Molard, major.
soldats du train··························30 ⎭ M. Baste, des marins de la garde impériale.

Troupes ennemies.

Régiment suisse de Reding···············1,200 ⎫
régimens d'infanterie de ligne espagnols·····2,400 ⎪
Hussards de Cordoue·····················600 ⎪
Dragons de la Reine·····················600 ⎬ 13100.
5 pièces d'artillerie, artilleurs···············300 ⎪
Paysans insurgés, moines, etc.··············8000 ⎭

Position le 19 juillet, jour de l'affaire de BAYLEN.

1re Division. Troupes françaises devant BAYLEN.

Marins de la garde·····················600 ⎫
Garde de Paris·····························1000 ⎪ M. le général comte Dupont, commandant.
1e légion····························1400 ⎪ M. Daugier, colonel.
2e légion····························1400 ⎬ 7400. M. Estèves, major.
Suisses····························1200 ⎪ M. Delaine, major.
Suisses-Espagnols transfuges·················800 ⎪ M. Teuley, major.
Cavalerie; Dragons, Chasseurs··············1000 ⎭ M. N.

2e Division. Troupes françaises à GUARAZUAR.

1e légion························
régiment suisse······················ M. le général comte Vedel.
2e légion···························· M. Molard, major.
2e dragons, chasseurs à cheval············

3e Division à SANTA-HELENA.

Troupes espagnoles à BAYLEN.

1e ligne, infanterie et cavalerie···········30000 ⎫
2e ligne, infanterie et cavalerie············15000 ⎪
3e ligne, infanterie et cavalerie···········6000 ⎬ 54000. M. le capitaine général Castagnos.
Cavalerie et infanterie sur les derrières de l'ar- ⎪
mée française······················2000 ⎪
Artillerie et train····················1000 ⎭

INDEX *de la carte des royaumes de* Jaen *et de* Cordoue, *pour expliquer les principales opérations et mouvemens du corps d'armée aux ordres du général Dupont, en 1808, dans cette partie de l'Espagne.*

A. *Position des armées le 7 juin devant Cordoue.*

Armée française.

1. Garde de Paris, 2 bataillons.   M. le général comte Dupont.
2. Bataillon des marins de la garde.   M. Estèves, major.
3. 4ᵉ légion de réserve.   M. Daugier, colonel.
4. 3ᵉ   id.   id.   M. Teuley, major,
5. 4ᵉ régiment suisse et Suisses-Espagnols.   M. Delaine, *id.*
6. 1ᵉʳ régiment prov. de cavalerie (dragons.)   M. N.
7. Cuirassiers.

Armée ennemie.

1. Régiment d'infanterie de ligne espagnol.
2. — *id.* — de cavalerie.
3. Paysans insurgés.

B. *Position devant* Jaen, *le 3 juillet.*

Troupes françaises.

1. 1ʳᵉ légion de réserve · · · · · · · · · 1,140 ⎫ hommes.   M. le général baron Cassagne, commandant.
2. 10ᵉ de dragons (un escadron) · · · · · · 118 ⎬ 1288.   M. Molard, major.
3. Artillerie, un canon de 6 et un obusier, artilleurs et ⎪   M. Baste, des marins de la garde impériale.
   soldats du train · · · · · · · · · · 30 ⎭

Troupes ennemies.

1. Régiment suisse de Reding · · · · · · · · · 1,200 ⎫
2. 2 régimens d'infanterie de ligne espagnols · · · · · 2,400 ⎪
3. Hussards de Cordoue · · · · · · · · · · · 600 ⎪
4. Dragons de la Reine · · · · · · · · · · · 600 ⎬ 13100.
5. 10 pièces d'artillerie, artilleurs · · · · · · · · 300 ⎪
6. Paysans insurgés, moines, etc. · · · · · · · · 8000 ⎭

C. *Position le 19 juillet, jour de l'affaire de* Baylen.

1ʳᵉ Division. *Troupes françaises devant* Baylen.

1. Marins de la garde · · · · · · · · · 600 ⎫   M. le général comte Dupont, commandant.
2. Garde de Paris · · · · · · · · · · 1000 ⎪   M. Daugier, colonel.
3. 3ᵉ légion · · · · · · · · · · · · 1400 ⎪   M. Estèves, major.
4. 4ᵉ légion · · · · · · · · · · · · 1400 ⎬ 7400.   M. Delaine, major.
5. 4ᵉ Suisses · · · · · · · · · · · 1200 ⎪   M. Teuley, major.
6. Suisses-Espagnols transfuges · · · · · · · 800 ⎪ M. N.
7. Cavalerie; Dragons, Chasseurs · · · · · · · 1000 ⎭

2ᵉ Division. *Troupes françaises à* Guarazuan.

1. 1ʳᵉ légion · · · · · · · · · · · · · · ·   M. le général comte Vedel.
2. 3ᵉ régiment suisse · · · · · ·   M. Molard, major.
3. 5ᵉ légion · · · · · · · · · · · · · · ·
4. 10ᵉ dragons, chasseurs à cheval · · · · · · · ·

3ᵉ Division à Santa-Helena.

Troupes espagnoles à Baylen.

1. 1ʳᵉ ligne, infanterie et cavalerie · · · · · · · · 30000 ⎫
2. 2ᵉ ligne, infanterie et cavalerie · · · · · · · · 15000 ⎪
3. 3ᵉ ligne, infanterie et cavalerie · · · · · · · · 6000 ⎬ 54000.   M. le capitaine général Castagnos.
4. Cavalerie et infanterie sur les derrières de l'ar- ⎪
   mée française · · · · · · · · · · · · · · 2000 ⎪
5. Artillerie et train · · · · · · · · · · · · 1000 ⎭

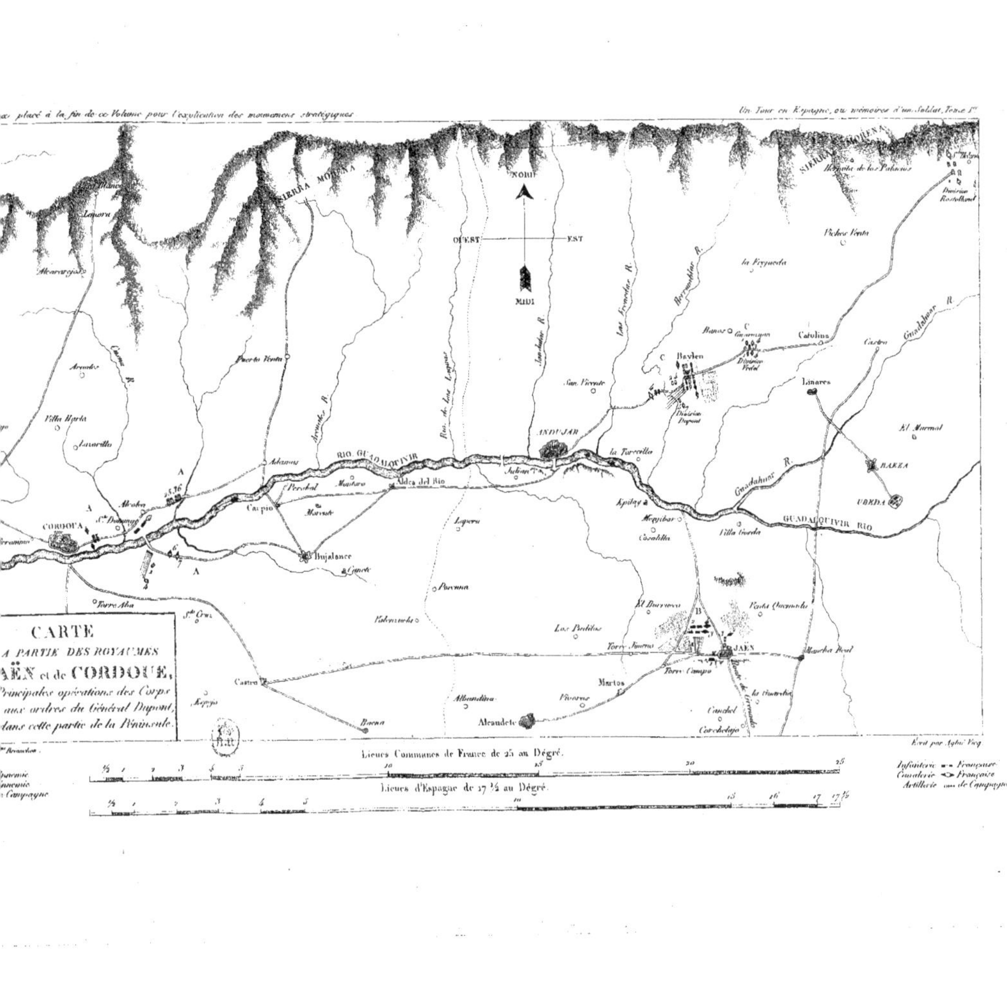
NORD
OUEST
EST
MIDI
SIERRA MORENA
SIERRA MORENA
Hermita de los Palacios
Blanco
Lavera
Alcaracejos
Cuevas R.
Arenales
Villa Harta
Lavarilla
Puerto Venta
Arenales R.
Rio. de Lose Laguna
Jandular R.
Adamus
RIO. GUADALQUIVIR
A
Julian Tr.
Aldea del Rio
ANDUJAR
la Torrecilla
San Vicente
las Fronteras R.
Herrumblar R.
la Fizjuela
Pichos Venta
Banos
C Guarroman
C Baylen
Division Vedel
Division Dupont
Catalina
Castro
Guadahuar R.
Linares
El Marmal
BAEZA
Guadahuar R.
UBEDA
GUADALQUIVIR RIO
CORDOUA
S.t Domingo
Alcoba
A
15.16
A
Torre Alta
El Percheal
Montoro
Carpio
Marmol
Bujalance
Canete
Pegura
Povanna
Castro
Espejo
Albandina
Baena
Alcaudete
Viveros
Martos
Torre Jimena
Torre Campo
El Burruevos
Las Perdilos
B
JAEN
Pechi Quemada
Villa Gorda
Mengibar
Cazalilla
Espilay
Mancha Real
Route de Granade
la Guardia
Canchel
Carchelejo
S.te Cruz
Lopeja
CARTE
A PARTIE DES ROYAUMES
JAËN et de CORDOUE,
Principales opérations des Corps
aux ordres du Général Dupont,
dans cette partie de la Péninsule.
Lieues Communes de France de 25 au Dégré.
Lieues d'Espagne de 17 ½ au Dégré.
Infanterie Française
Cavalerie Française
Artillerie de Campagne
Écrit par Aglaë Vacq

www.ingramcontent.com/pod-product-compliance
Ingram Content Group UK Ltd.
Pitfield, Milton Keynes, MK11 3LW, UK
UKHW021901070726
13613UKWH00001B/258